DICTIONNAIRE

DES

DIFFICULTÉS ORTHOGRAPHIQUES FRANÇAISES

(D'APRÈS L'ACADÉMIE)

A L'USAGE DES CANDIDATS AUX EXAMENS

DU GOUVERNEMENT

J.-G. BORREL

RÉDACTEUR A L'ADMINISTRATION CENTRALE DES POSTES ET DES TÉLÉGRAPHES

(SECRÉTARIAT)

OFFICIER D'ACADÉMIE, COMMANDEUR DU MEDJIDIÉ, ETC.

DICTIONNAIRE

DES

DIFFICULTÉS ORTHOGRAPHIQUES

FRANÇAISES

(D'APRÈS L'ACADÉMIE)

A L'USAGE DES CANDIDATS AUX EXAMENS

DU GOUVERNEMENT

PARIS

CHEZ L'AUTEUR

22, RUE GUILLEMINOT, 22

1888

DICTIONNAIRE

DES DIFFICULTÉS ORTHOGRAPHIQUES FRANÇAISES

A

1. — **A**, s. m. inv. au pl. *Des a brefs.* Ne se prononce pas dans *Saône, aoriste, taon, août, aoûteron;* mais se fait entendre dans *aoûter.* — **A**, prép., prend toujours l'accent grave : *il aime à lire.* — **A**, verbe, ne prend jamais l'accent : *il a bien lu.*

Ah ! a, à, ah ! as (tu). (Homonyme.)

Abatage, s. m., action d'abattre, prend un seul *t.*

Abbaye, s. f. On prononce *abéie.*

Abbesse, abaisse (j', il). (Homon.)

Aboi, aboie (j', il), abois. (Homon.)

Aboiement, s. m., s'écrit aussi *aboîment.*

Abord, abhorre (j', il). (Homon.)

Aboutissant, part. prés. du v. *aboutir*, s'emploie comme subst. dans *les tenants et aboutissants de cette terre.* (Voir *allant, venant, tenant.*)

Abside. — Apside. (Homon.)

Accord, accort, accore, achores. (Homon.)

Accoté, part. passé du v. *accoter*, appuyer de côté; ne pas le confondre avec *à côté*, auprès, de droite ou de gauche : *le vase est accoté*.

Ache, hache (je, il), hache. (Homon.)

Acheter, v. a., ne double jamais le *t* devant un *e* muet; l'*e* qui précède le *t* se change dans ce cas en *é* ouvert : *j'achète*.

Acompte, s. m. payement partiel : *un léger acompte*. Employé adv., s'écrit en deux mots liés par un trait d'union : *il a donné cent francs à-compte*.

A-coup, au pl. *à-coups*.

Acquêt, haquet. (Homon.)

Acquit-à-caution, au pl. *acquits-à-caution*.

Acre, âcre. (Homon.)

Adhérent, adj. ou s. m.; ne pas conf. avec *adhérant*, part. prés. du v. *adhérer*.

2. — Adjectif (*accord avec le substantif*). On sait que l'adjectif s'accorde en genre et en nombre avec le substantif auquel il se rapporte ; — que l'on met au pluriel l'adjectif qui se rapporte à deux substantifs au sing. ; — enfin, que si l'adjectif se rapporte à deux substantifs de différents genres, on le met au pluriel masculin.

Difficultés : I. Lorsque l'adjectif se rapportant à deux substantifs de différents genres n'en est point séparé par le verbe, l'oreille exige quelquefois que le substantif masculin soit énoncé le dernier : *une robe et un voile blancs*, au lieu de : *un voile et une robe blancs*. Mais lorsque, à la prononciation, les adjectifs ne se distinguent point de leur féminin, on peut énoncer le substantif féminin le dernier. On écrira donc : *l'ordre et l'utilité publics ne peuvent être le fruit du crime*.

II. L'adjectif ne qualifie souvent que le dernier des substantifs unis par *et*; dans ce cas, il ne s'accorde qu'avec ce dernier substantif : *voici des êtres dont la taille et l'air sinistre inspirent la terreur*.

III. L'adjectif placé à la suite de plusieurs substantifs non liés par une conjonction s'accorde avec le dernier :

1°. — Lorsque ces substantifs sont synonymes : *toute sa vie n'a été qu'un travail, qu'une occupation continuelle*.

2°. — Lorsqu'il y a gradation dans les idées exprimées par les substantifs : *il honora les lettres de cet attachement, de cette protection capable de les faire fleurir.*

IV. Après deux substantifs liés par la conjonction *ou*, l'adj. s'accorde avec le dernier.

1°. — S'il ne qualifie que ce dernier substantif : *donnez-lui des noix ou une pomme cuite.*

2°. — Si le dernier substantif n'est que l'explication du premier : *la perception ou l'impression occasionnée dans l'âme par l'action des sens.*

Il est entendu que si l'adjectif qualifie les deux substantifs, la raison veut qu'il s'accorde avec ces deux substantifs.

3. — **Adjectif** (*désignant la couleur*). Les mots exprimant une idée de couleur s'accordent s'ils sont véritablement adjectifs : *une mante grise ; une robe blanche.* Ils restent invariables si ce sont des substantifs employés comme complément du substantif *couleur* sous-entendu : *des taches marron, des rubans paille, des bas cerise.*

Deux adjectifs réunis pour exprimer une couleur restent tous deux invariables : *une teinte gris obscur, des cheveux châtain clair,* le premier adjectif étant pris substantivement, et le second qualifiant le premier. Ils ne prennent pas de trait d'union, excepté : *clair-brun* et *clair-obscur ;* au plur. *clair-bruns, clairs-obscurs* (Acad.).

Les expressions *bleu de ciel, blanc de lis,* etc., sont également invariables.

4. — **Affaire, — A faire.** — *Avoir affaire à quelqu'un* signifie avoir à traiter, à négocier avec lui de quelque chose, ou avoir quelque contestation, quelque démêlé : *j'ai affaire à lui ; il a affaire à forte partie ; il aura affaire à moi.*

Avoir à faire. Dans la phrase où l'on doit écrire cette forme, il y a toujours un complément direct, qui suppose par conséquent le verbe *faire,* et que l'on peut mettre entre le verbe *avoir* et la prépos. *à : avoir à faire une demande* (avoir une demande à faire) ; *j'ai à faire une visite* (j'ai une visite à faire).

Mais on écrira : *il ne peut sortir maintenant, il a affaire,* c.-à-d. il a certaine affaire, quelque affaire.

5. — **Adverbes** en *ment* (formation des). — Les adv. de cette nature sont généralement tirés d'adjectifs. Il faut excepter *comment,* formé de l'adv. *comme ; nuitamment, diablement* formés des subst. *nuit, diable* et *notamment, sciemment* dont les adj. n'existent plus.

Quand l'adj. finit au masc. par une voyelle ou un *é* fermé, la simple addition de *ment* fait l'adv. *justement, honnêtement, joliment, vraiment, résolument, absolument, aisément, sensément,* etc. L'*e* muet de certains adj. masc. se change en *é* fermé, *aveuglément, commodément, conformément, énormément;* il en est de même de l'*e* muet de certains adj. fém. *communément, confusément, expressément, importunément, précisément, profondément. Impuni* fait *impuné-ment.*

Lorsque l'adj. finit par une consonne au masc., l'adv. se forme de la terminaison fém. en ajoutant *ment : fortement, franchement, dou-cement, vivement, longuement, heureusement;* excepté *gentil* qui fait *gentiment.*

Les adj. terminés en *ant* ou *ent* changent *ant* en *amment* et *ent* en *emment : vaillant, vaillamment ; diligent, diligemment ; élégant, élé-gamment ; violent, violemment.* Excepté *lent* et *présent* qui font *lentement* et *présentement.*

Affluant, part. prés. du v. *affluer.* Ne pas le confondre avec l'adj. *affluent* qui se dit des rivières qui se jettent dans une autre : *la Seine et les rivières affluentes;* et qui s'emploie aussi subst. au masc. : *la Loire et ses affluents.*

Afrique, s. f., continent, s'écrit par un *f,* — **Saint-Affrique** sous-préf. de l'Aveyron, s'écrit par deux *ff.*

Agate, Agathe. (Homon.)

Agglomérer, v. a., et ses dérivés s'écrivent aussi par un *g : aglomérer.* La première forme est plus usitée.

Agglutiner, v. a., et ses dérivés s'écrivent aussi par un *g : aglutiner.* La première forme est plus courante.

6. — **Agréer.** Le part. passé fém. de ce verbe a trois *e* de suite, *agréée.* Il en est de même pour *créée, guéée, maugréée, ragréée, re-créée, récréée, suppléée.*

Agréger, v. a., et ses dérivés s'écrivent aussi par deux *g : aggréger.* La première forme est la plus usitée.

7. — **Aide** signifiant secours est toujours du fém. : *Aide prompte.* Lorsque ce mot désigne des personnes placées auprès de quelqu'un pour travailler, opérer ou servir avec lui ou sous lui, il est masc. s'il désigne un homme, fém. s'il désigne une femme. *Cet opérateur avait un aide intelligent. Cette receveuse est assistée d'aides instruites et capables.*

Aider. On dit *aider quelqu'un* dans le sens de le seconder, de le servir, de lui donner des secours, et *aider à quelqu'un* dans le sens d'assistance momentanée, pour un objet déterminé, le plus souvent pour un travail demandant des efforts physiques.

Le participe passé *aidé* s'accordera donc ou non, suivant le sens de la phrase, avec les compléments placés avant : *il nous a aidés dans nos besoins; cet homme nous a aidé à soulever ce bloc.*

Aie (j'), aies (tu), ait (il), ais, es (tu), est (il), haie, hais (je), hait (il), (Homon.).

Aï (canton), haï. (Homon.)

Aigle est du masc. quand il désigne l'oiseau mâle ou l'espèce entière, un pupitre d'église, un homme de génie, une sorte de papier, et du fém. lorsqu'il désigne la femelle de l'oiseau, une constellation et lorsqu'il est employé en termes de blason, d'armoiries, d'enseigne militaire.

Aigre-doux, au pl., *aigres-doux ; aigre-douce* fait *aigres-douces.*

Aigu, adj. Son féminin est *aiguë, aiguës.*

Aiguayer, v. a., baigner, laver. Ne pas le confondre avec *égayer,* réjouir.

Aigue-marine, au pl., *aigues-marines.*

Aile, elle, hèle (je, il). (Homon.)

Aine, Aisne, Haine. (Homon.)

8. — **Ainsi que,** placé entre deux substantifs sujets, exige, s'il est synonyme de *de même que, de la même manière que,* l'accord du verbe avec le premier de ces substantifs : *le caractère primitif d'une nation, ainsi que celui d'un homme, est souvent altéré par.* S'il signifie *et,* le sujet est composé et le verbe se met au pluriel. *La joie ainsi que la douleur troublent l'âme.*

Air, aire, ère, erre (j' il), haire, hère. (Homon.)

9. — **Air,** s. m. Si l'adj., qui suit se rapporte au mot *air,* cet adj. se met au masc. *Air enjoué, air aisé.* Si l'adj. se rapporte au sujet de la proposition, il s'accorde avec le sujet : *elle a l'air trou-blée* ; *ils ont l'air fâchés* ; *elle a l'air mal faite*. On dit mieux : *elle a, ils ont l'air d'être...*, surtout en parlant d'objets inanimés, *ces fruits ont l'air d'être mûrs.*

Aire, s. f., nid d'oiseau de proie. Ne pas confondre avec *air* dans les expressions : *l'aire d'un aigle; un faucon de bonne aire.*

Alène, haleine. (Homon.)

Alentour. On n'écrit plus aujourd'hui *à l'entour.*

Alise, alisier ou *alize, alizier.* La première forme est plus courante.

Allant, part. prés. du v. *aller*, s'emploie subst. dans cette phrase : *les allants et les venants.* (Voir *tenant, aboutissant.*)

Aller, haler, hâler. (Homon.)

Aller (s'en) est un verbe essentiellement pronominal : c'est pourquoi le part. passé doit toujours s'accorder avec le pron. qui précède : *ils s'en sont allés.*

Alliacé, adj., qui tient de l'*ail*. Ne pas écrire *ailliacé.*

Allié, Allier, hallier à lier. (Homon.)

Allonger, v. a., et ses dérivés s'écrivent aussi *alonger.* La première forme est la plus usitée.

Almanach, s. m. On pron. *almana.*

Alvéole est du masc.

Amaigrir, v. a., s'écrit aussi *emmaigrir.* La première forme est la plus usitée.

Amande, amende. (Homon.)

Ambigu, adj., fait *ambigué* au fém., même prononciation. L'adverbe *ambigument* s'écrit sans accent sur l'*u*.

Amener, v. a., et **Emmener**, v. a., ont une signification différente. Le premier signifie conduire vers le second, mener avec soi : *on emmène celui ou ce que l'on a amené.*

Ami, amict. (Homon.)

Amiante est du masculin.

10. — Amour, s., est du masc. au sing. comme au plur. : *amour filial ; Peindre de petits amours ; Paris sera toujours mes plus chers amours.* Quand *amour* signifie la passion d'un sexe pour l'autre il est du fém. au plur. : *de nouvelles, d'ardentes amours.*

Amour-propre, au pl. *amours-propres.*

An, en. (Homon.)

Anche, hanche. (Homon.)

Ange, s. m. En parlant d'une femme, on dit : *c'est un ange.*

Annuler, v. a. Ne double pas le *l.*

11. — Anoblir, v. a, faire noble, accorder le titre de noblesse: *le roi anoblit.* Ne pas confondre avec **ennoblir,** donner de la dignité, de la noblesse, *ces sentiments vous ennoblissent.*

Anomal, adj., qui offre des irrégularités. — **Anormal** adj., contraire aux règles.

Antre, entre. (Homon.)

Anvers, envers. (Homon.)

Aoriste, s. m. On pron. *oriste.*

Août, s. m. On pron. *oût,* mais on dit **aoûter,** v. a., en prononçant l'*a.*

Aplanir, aplatir, v. a., et leurs dérivés s'écrivent par un seul *p.* Remarquer l'orthogaphe de ces mots.

Apogée, s. masc., bien qu'ayant une terminaison féminine.

Apostrophe. Ne se met jamais devant le mot *onze,* bien que dans la conversation il soit admis de prononcer : *il n'en est resté qu'onze; l'onzième.* S'emploie avec les mots *lorsque, puisque, quoique, qui,* placés devant *il, elle, un, une, on. Quelque* la prend seulement devant *un, une; jusque,* devant *à, au, aux, ici; presque,* seulement dans *presqu'île. Entre* s'élide dans la composition des mots *entr'ouvrir, entr'acte, s'entr'aider,* etc. *Contre* ne s'élide jamais.

Appariement, s. m., action d'assortir ; s'écrit aussi **appariment.**

Appas, appât (Homon.).

Appendice, s. m. On prononce *appeindice*

Appui-main, au pl. *appuis-main.*

Après, apprêt. (Homon.)

A propos, locut. adv., s'écrit sans trait d'union : *parler à propos.* Conserve la même orthographe dans le sens de *convenable : il a jugé à propos d'écrire.* Employé comme substantif, il prend le trait d'union : *Il brille par ses* **à-propos.**

Aqua-tinta, au pl. *aqua-tinta.*

Arc, Arques. (Homon.)

Archange, s. m., se prononce *arkange. Ch* prend de même le son de *k* dans *archaïsme, archéologie, archiépiscopal, archonte* et leurs dérivés.

Archer, archet. (Homon.)

Are, arrhes, hard, hart, art. (Homon.)

Arguer, v. n. On prononce argu-er. Lorsque l'*u* est suivi d'un *e* muet, cet *e* prend le tréma : *j'arguë.*

Argutie, s. f. On pron. *argucie.*

Arnica est du féminin.

Arrière. Tous les composés de ce mot s'écrivent par un trait d'union. Au pl. *arrière* reste invar. Des *arrière-bans, arrière-becs, arrière-mains,* etc.

12.— Arroger (s'), v. a., essent. pronom., signifie *arroger à soi.* Son part. ne s'accorde donc pas avec les pron. *me, te, se,* etc., qui le précèdent, mais avec son compl. dir., lorsque ce compl. est placé avant : *ils se sont arrogé des droits; les droits qu'ils se sont arrogés.*

Artiste, subs. des deux genres : *cet artiste, cette jeune artiste.*

As, hase. (Homon.)

Assidûment, adv. On n'écrit plus *assiduement.*

Asseoir, v. irrég. Dans le sens de *fonder, d'établir, de fixer,* se conj. *j'assois, j'assoyais, j'assoirai,* etc.

Assonance, s. f. (V. *Son.*)

Asthme, s. m. On pron. *azme, azmatique.*

Atermoiement, s. m. On écrit aussi **atermoîment.**

Atrabile, atrabilaire. Se méfier de la tendance qui pousse la généralité à écrire ce mot par deux *t.*

Attrape-mouche , au pl. *attrappe-mouches;* il en est de même pour *attrape-nigauds, attrape-lourdauds.*

Au, aulx, eau, haut, os, oh, o. (Homon.)

13. — **Aucun** et son féminin prennent un *s* au pluriel avec les subst. qui ne s'emploient pas au sing. ou dont la signification n'est pas la même au pl. qu'au sing. *Aucunes funérailles, aucuns prépa-ratifs.*

Augure est du masc. Dans *mauvais augure,* la prononciation porte à le faire considérer comme étant du fém. Se méfier de cette tendance.

Aune, s. m., arbre et ses dérivés s'écrivent aussi *aulne.*— **Aune,** s. f., mesure.

Auspice, auspices, hospice. (Homon.)

Aussi bien que. (V. *Sujet.*)

Autan, autant, ôtant.(Homon.)

Autant que. (V. *Sujet.*)

Autel, hôtel. (Homon.)

Auteur, hauteur, hotteur. (Homon.)

Autocratie, s. f. On pron. *autocracie.*

Autodafé, en un seul mot. — Inv. au pl.

Automne est des deux genres, *un bel automne, une froide au-tomne.* Se prononce *autone.*

Autre fois (une), autrefois. (Homon.)

Avant, avent. (Homon.)

Avant. Tous les composés de ce mot s'écrivent avec un trait d'union. Au pl. *avant* reste invar. *Des avant-becs, avant-postes, avant-scènes,* etc.

14. — **Avec.** Après *avec,* placé entre deux subst. précédant le verbe, il faut le verbe au sing. si le mot *avec* sert à exprimer une idée d'accompagnement, et au pluriel, si son emploi exprime une idée de coopération ou de simultanéité. *Le colonel, avec ses soldats, tenait l'ennemi en échec. Le colonel avec ses soldats combattaient l'ennemi avec acharnement. Le bleu avec le jaune donnent des reflets verts.*

Avènement prend un accent grave.

A-venir (un), au pl. des *à-venir*. Ne pas confondre avec le subst. *avenir*.

15. — **Avoir.** Le part. passé de ce verbe doit rester invariable lorsqu'il est suivi de la prép. *à* et d'un infinitif. *Les livres que j'ai eu à lire. Les difficultés qu'ils ont eu à vaincre.*

Il y a eu est une forme du verbe impersonnel *il y a* et le part. *eu* est alors inv. *La misère qu'il y a eu cet hiver.*

Ayant prend un *s* au plur. dans les loc. *ayants cause, ayants droits;* pas de trait d'union.

B

B., s. m., invariable au pluriel. *Des b pâteux.* Ne se prononce pas dans *plomb, Doubs;* se fait sentir dans *Joab, Moab, Job, Jacob, radoub, rumb, nabab, rob;* ne sonne que comme un seul *b* dans les mots où il est redoublé *sabbat, rabbin, abbé* et leurs dérivés, et se prononce comme *p* devant *s* et *t, observer, obtenir, absent.*

Bacchanal, *bacchanale, bacchante, Bacchus.* Dans ces mots *cch* se prononce comme *k.*

Bai, baie, bey. (Homon.)

Bai brun, au pl., *bai brun.* (V. adj. 3.)

Bailler, v. n., faire un bâillement. Ne pas confondre avec **bailler,** v. a., donner, donner à ferme, ni avec **bayer,** tenir la bouche ouverte en regardant longtemps quelque chose, qui se conjugue et se prononce d'ailleurs comme *payer.*

Bain-marie, au pl., *bains-marie.*

Baïonnette, s. f. On n'écrit plus *bayonnette*. (Voir *Faïence*.)

Bal, balle. (Homon.)

Balai, balais, ballet. (Homon.)

Ban, banc (Homon.).

Baptiste batiste (Homon.).

Baptistaire, adj. m., a la même prononc. que **baptistère**, s. m. Le *p* ne se fait pas entendre. Le premier de ces mots ne s'emploie qu'avec *extrait, registre* ; le second désigne la partie d'une église où sont placés les *fonts baptismaux*. *Le baptistère possède une armoire où sont renfermés les registres baptistaires.*

Bar, bard, barre, barres. (Homon.)

Barcarolle, s. f., chanson. Ne pas confondre avec **barquerolle**, s. f., petit bâtiment côtier.

Barde, s. m., poëte chez les Celtes. — **Barde**, s. f., tranche de lard.

Bas, bât, bas, bah! bats (je, tu). (Homon.)

Bas côté, au pl. *bas côtés.*

Basilic, basilique. (Homon.)

Bas-fond, au pl., *bas-fonds.*

Basque, s. m., nom de peuple. — **Basque**, s. f., pan d'un habit.

Basse-cour, *basse-fosse, basse-taille* font au pl. *basses-cours, basses-fosses, basses-tailles. Basse-contre* fait au pl. des *basses-contre.*

Battre, v. a. irrég. *Je bats, nous battons* (le verbe *bâter* fait bâtons) ; *je battais, nous battions* (bâtais, bâtions) ; *je battis, nous battîmes* (le verbe *bâtir* fait aussi je bâtis, nous bâtîmes): *je battrai ; je battrais ; bats, battons, battez* (bâtons, bâtez) ; *que je batte* (que je bâte, du v. *bâter*) ; *que je battisse* (que je bâtisse, du v. *bâtir*) ; *battant* (bâtant) ; *battu, battue.*

Bau, baud, beau, bot, baux. (Homon.)

Bazar, s. m. Ne pas écrire *bazard* par rapprochement avec l'expression *bazarder*, pop. et non française.

Beaucoup suivi d'un subs. au pl. veut le verbe au pl. *Beaucoup de personnes demandent;* si le subs. est au sing., le verbe doit être mis au sing. *Beaucoup de monde arrive.*

Bec. Tout les composés de ce mot s'écrivent par un trait d'union ; excepté *becfigue.* (V. *Béjaune.*) Ils font au pl., *becs-d'âne, becs-de-cune, becs-de-corbin, becs-de-lièvre, becs-d'oiseau.*

Becfigue, en un seul mot.

Becquée, becqueter s'écrivent aussi **béquée, béqueter.**

Bégayement ou **bégaiement,** s. m. La première forme est à préférer.

Béjaune ne s'écrit plus *bec-jaune.*

Bel esprit, au pl. *beaux esprits.*

Belveder ou **belvédère,** s. m. On prononce le *r.*

16. — **Bénir,** v. a., a deux part. passés, *bénit* et *béni.* Le premier s'emploie lorsqu'il s'agit de la bénédiction du prêtre : *eau bénite, pain bénit, les époux sont bénits;* le second quand il s'agit de la bénédiction de Dieu ou des hommes : *enfant béni du ciel, enfant béni par son père.*

Besogneux, adj., ne s'écrit plus *besoigneux.*

Bien, adv., suivi d'un subs. au pluriel veut le verbe au pl. *Bien des gens y sont allés.* — **Bien que** commande toujours le subjonctif. *Bien qu'il fût.*

Bien-aimé, au pl. *bien-aimés.*

Bien-fonds, au pl. *biens-fonds.*

Bien-tenant, au pl. *bien-tenants.*

Bienfaisance, bienfaisant se prononcent comme s'il y avait *bienfesance, bienfesant.*

Bifteck, s. m. Ne pas écrire *beefsteak.*

Bile, bill. (Homon.)

Billion, s. m., un milliard, se prononce *bilion.* Ne pas confondre avec **billon,** s. m., monnaie de cuivre, que l'on prononce en mouillant *ll.*

Bis (une seconde fois), bise. (Homon.)

Bissextil, tile, adj., *l'an bissextil, l'année bissextile.*

Blanc. Les composés de ce mot s'écrivent par un trait d'union. Ils font au pluriel : *blancs-becs, blancs-mangers, blancs-seings.*

Bleuet, bleuette s'écrivent plutôt **bluet, bluette.**

Bombait (il), Bombay, bombé. (Homon.)

Bon, bond. (Homon.)

Bon, employé adv., est invar. *Ces fleurs sentent bon.*

17. — **Bon** fait *bonne, bonnement, abonnir,* par deux *n,* et *bonasse, boni, bonifier, boniment* par un seul *n.*

Bonhomme s'écrit par deux *m* ; **bonhomie** par un seul.

Bonne aventure, au pl. *bonnes aventures.*

Borne, s. f., se met toujours au pl. quand il désigne ce qui sépare deux États. *L'Italie a pour bornes.* — **Borne-fontaine,** au pl. *bornes-fontaines.*

Bosse, Beauce. (Homon.)

Bouche-trou, au pl. *bouche-trous.*

Boue, bous (je, tu), bout. (Homon.)

Bouillon-blanc, au pl., *bouillons-blancs.*

Boulaie, boulet. (Homon.)

Boulevard, s. m. On écrivait autrefois *boulevart.*

Bourg, bourre (je, il), bourre. (Homon.)

Bourg pourri, au pl. *bourgs pourris.*

18. — **Boursoufler** et ses dérivés s'écrivent par un *f ;* mais on écrit par deux ff **souffler** et ses dérivés. — **Boursouflure** ne prend pas d'accent circonf.

Bout-rimé, au pl. *bouts-rimés.*

Boute-en-train, au pl. *boute-en-train.*

Boutefeu en un seul mot.

Boute-selle, invar. au pl.

Brèche-dent, au pl. *brèche-dents*.

Brise. Les composés de ce mot s'écrivent par un trait d'union. Au pl. ils font *brise-lames, brise-glace, brise-mottes, brise-raison, brise-vent.*

Broiement, s. m. On écrit aussi **broîment**.

Bru, s. f., belle-fille, s'écrit sans *e* final. *Ma bru.*

Buffle, s. m., par deux *ff*. — **Mufle**, par un seul.

Brûle-tout, invar. au pl.

19. — **But**, s. m., point où l'on vise, se prononce quelquefois comme **butte**, s. f. On écrit : *être en butte aux coups, aux traits,* etc., et non *être en but.* **But** a formé *buter,* v. a., heurter quelqu'un, soutenir, frapper au but, *butor, culbute.* **Butte**, petit tertre, a formé *buttée, buttage, butter.* Ce dernier verbe signifie heurter avec les pieds en marchant, en parlant des animaux. *L'éléphant ne butte jamais. Ce cheval butte à chaque pas.*

Bute (je, il), bute, butte (je, il), butte. (Homon.)

C

C. s., m. inv. au pl. *De] grands c.* Se prononce comme *k* devant *a, o, u, l, n, r, t : canon, colle, cuve, clef, crosse, action, Cnéius;* comme un *s* devant *e, i : cent, cidre, cette,* et devant *a, o, u* quand on met une cédille dessous : *façade, leçon, déçu.*

A la fin des mots, *c* est muet dans *estomac, croc, accroc, blanc, marc, échecs* (jeu), *tabac, jonc, lacs* (filets), *arsenic, escroc, tronc, clerc, cric, porc;* dans quelques occasions, on fait sonner le *c* final sur la voyelle du mot suivant : *du blanc au noir.* On le prononce dans *bec, échec* (revers), *estoc, duc, aqueduc, agaric, syndic, trictrac, avec, sec, bloc,* etc.

Dans le redoublement, et devant *e* ou *i,* le premier *c* se prononce comme *k* le second comme *s : accepter, accident.* Le premier ne se fait pas sentir s'il est suivi de *ca, co, cu, cl, cr* ou *q* : *accaparer, accord, accuser, acclamer, accroc, acquérir.*

Le *c* se prononce enfin comme *g* dans *second* et ses dérivés.

Câble, câbleau, câbler. On écrit en cablure sans accent.

Cache-nez, au pl. *cache-nez.*

Cachet, caché. (Homon.)

20. — **Cahute,** s. f., par un seul *t*, sorte de petite *hutte.*

Caille-lait, au pl. *caille-lait.*

Cal, cale, cale (je, il), La Calle. (Homon.)

Camée, s. m., malgré sa terminaison féminine. *Un beau camée.*

Camp, Caen, kan, quand, qu'en. (Homon.)

Candi, Candie. (Homon.)

Cangrène, s. f. On écrit plus souvent **gangrène,** qu'on prononce *cangrène.*

Canne, Cannes, cane. (Homon.)

21. — **Canon,** s. m. T. d'église, fait *canonial, canonical, canoniser,* etc., par un seul *n.* — **Canon,** s. m. T. de guerre, fait *canonner, canonnier, canonnade,* etc., par deux *n.*

Canot, canaux. (Homon.)

22. — **Canton,** s. m., fait *cantonal, cantonade,* par un *n,* et *cantonner, cantonnement, cantonnier,* par deux *n.*

Cap, cape, cappe. (Homon.)

Capital, capitale. (Homon.)

Captieux et ses dérivés se prononcent *cap cieux.*

Caquet. Tous les dérivés de ce mot s'écrivent par un seul *t : caqueterie, caquetage,* etc.

Car, quart, carre (je, il). (Homon.)

Carême-prenant, au pl. *carêmes-prenants.*

Carier, carrier. (Homon.)

Carpe, s. f., désigne un poisson ; **carpe,** s. m., désigne le poignet.

Carte, quarte. — **Cartier,** quartier. (Homon.)

Cartouche, s. m.. signifie ornement de sculpture ou la boîte qui renferme les pièces d'un feu d'artifice; s. f., il désigne un petit rouleau renfermant la charge d'une arme à feu.

Casse. Les composés de ce mot s'écrivent par un trait d'union. Leur pl. est *casse-museau, casse-noisettes, casse-mottes, casse-pierres, casse-tête* ou *têtes*.

23. — **Ceci, cela,** pron. démons. Avec le verbe *est* on écrit, selon le cas, *est-ce ceci? est-ce cela? est-ce ci? est-ce là? Quel maraud est-ce ci? Quel monstre est-ce là?* On peut remarquer que dans les deux dernier exemples, il est possible de retrancher *ci* et *là* sans dénaturer le sens de l'expression.

Celer comme *déceler* s'écrivent sans accent. (Acad.)

Cens, Sens, sens. (Homon.)

Cent, sang, sans, sens (je, tu), sent (il), sens (dessus dessous). (Homon.)

24. — **Cent,** adj. num., prend un *s* quand il est précédé d'un nombre qui le multiplie : *trois cents francs.* S'il est précédé et suivi d'un nom de nombre, il reste invariable : *deux cent huit volumes.* On écrit aussi *plusieurs cents.* Employé pour *centième*, il reste toujours invariable, *page trois cent, l'an mil huit cent.*

Cent garde, au pl. *cent gardes,* s'écrit sans trait d'union. — **Cent-Suisse** fait *Cent-Suisses.*

Cerf, serf, serre, sert, serres. (Homon.)

Cerf-volant, au pl. *cerfs-volants.*

Certes, adv. Ne perd jamais le *s.*

Ces, ses, sais (je), saie, sept. (Homon.)

Cet, cette, Seth, Cette. (Homon.)

Ch se pron. *k* dans les mots tirés du grec, de l'hébreu ou de l'arabe : *Achéloüs, Achmet, archange, archiépiscopal, archonte, Melchisédech, Chersonèse, Chaldée, chaos, chrétien,* etc., excepté cependant dans *Achille, Chypre, Achéron, chérif, chérubin, archevêque, chirurgie, chimie,* etc. Et *gue,* dans *drachme.*

Dans *Michel-Ange* et *Machiavel,* noms propres italiens, on prononce *k,* alors que dans *Michel, machiavélique, machiavélisme,* on prononce *ch* comme dans *chat.*

Chaîne, chêne. (Homon.)

Chaos, cahot. (Homon.)

25. — **Chaque**, adj. ; après *chaque* répété, le verbe se met au sing. : *chaque maison, chaque étage était pavoisé*.

Char, s. m., fait *charrette* par deux *rr* et *chariot* par un seul. — **Char à bancs**, au pl. *chars à bancs*.

Chasse. Les composés de ce mot font au pl. *chasse-marées, chasse-mouches, chasse-pierres*. Ces deux derniers s'écrivent de même au sing.

Chat fait *chaton* par un seul *t* et *chatte* par deux *tt*. — **Chat-huant**, au pl. *chats-huants*.

Cha, chat, chas, Schah. (Homon.)

Chaud, chaux. (Homon.)

Chaume, chaume (je, il), chôme. (Homon.)

Chaussée, chaussez. (Homon.)

Chausse-trape, s. f., piège, s'écrit par un seul *p* ; au pl. *chausse-trapes*. — **Chausse-pied** fait *chausse-pieds*.

Chauve-souris, au plur. *chauves-souris*.

Cheptel, s. m., bail de bestiaux. On pron. *chétel*.

Cher, chère, chaire, chair, Cher. (Homon.)

Chevau-léger, au pl. *chevau-légers*.

Chien-loup, — renard, au plur. *chiens-loups*, — *renards;* chien marin fait *chiens marins*, sans trait d'union.

26. — **Chose**, s. f. *Une grande, une belle chose*. On écrit cependant *cela ne vaut pas grand'chose*. — **Quelque chose** a deux sens : s'il signifie une certaine chose, il est du masc. *S'il vous manque quelque chose, je vous le donnerai. Quelque chose m'a été dit. Quelque chose de fâcheux*. S'il signifie quelle que soit la chose, *chose* garde son genre féminin. *Quelque chose qu'il m'ait dite*. — **Autre chose**, employé dans un sens indéterminé, est aussi du masc. *C'est autre chose que vous m'avez dit. C'est autre chose qu'il a fait*.

Choucroute, s. f., ne prend pas d'accent circonflexe, — alors que *croûte* et tous ses dérivés le prennent.

Chou-rave, au pl. *choux-raves*.

Chrême, crême. (Homon.)

Christe marine, au pl. *christes marines*.

Ci, ad., abréviation de *ici*. Se place toujours après le nom auquel il se lie par un tiret. *Ce livre-ci, par-ci.* Dans les épitaphes, *ci* commence la phrase et il est lié au mot suivant par le trait d'union. *Ci-gît.* Il en est de même dans *ci-joint, ci-inclus, ci-après, ci-contre, ci-dessus, ci-dessous, ci-devant.* Ce dernier fait au pl. des *ci-devant.*

27. — **Ci-inclus, ci-joint** commençant une phrase restent toujours invariables. Invariables encore lorsque, dans le corps d'une phrase, ils précèdent un subst. privé de son article. *Vous trouverez ci-joint copie de ma lettre.* Mais on devra écrire avec accord : *vous trouverez ci-jointe la copie, ... ci-incluse une copie du rapport.*

Placés après le subst., ces mots sont adj. et s'accordent en genre et en nombre. *Les feuilles ci-incluses, les plans ci-joints.*

Cil, sil, s'il. (Homon.)

Cire, cirrhe, Cyr, sire. (Homon.)

Ciron, cirons (nous), scierons. (Homon.)

Claie, clef. (Homon.)

Clair, clerc. (Homon.)

Clair-brun, au pl. *clairs-bruns*; **clair-obscur** fait *clairs-obscurs* (v. adj. 3), et **claire-voie**, *claires-voies*.

Clairsemé, en un seul mot, au fém. *clairsemée*, au pl. *clairsemés, ées*.

Clause, close. (Homon.)

Clef, s. f. On prononce *clé*, mais on n'écrit pas *clé*.

Clin d'œil, au pl. *clins-d'œil*.

Clou, cloue (je, il), Cloud. (Homon.)

Co. Tous les composés de *co, coaccusé, coobligé, coordonner, copropriétaire, cotuteur*, etc. s'écrivent en un seul mot.

Coche, s. m., voiture. — **Coche**, s. f., entaille.

Cœur, chœur. (Homon.)

Cogne-fêtu, au pl. *cogne-fêtu.*

Coi, adj. Ne pas confondre avec *quoi,* pron. relatif. *Ils se tinrent cois.* Son féminin est *coite.*

Coin, coing. (Homon.)

Col, colle. (Homon.)

Colon, colon, Colomb, collons (nous). (Homon.)

Colon, s. m., fait *coloniser, colonie, colonial, colonisation.* —**Colonel** fait *colonelle.* — **Colonne,** *colonnade, colonnette.*

28. — **Comme,** conj. Lorsque deux sujets sont unis par *comme,* le premier commande l'accord du verbe. *Le chef, comme ses subordonnés,* doit *obéissance au règlement.*

Compact, compacte. (Homon.)

Compatir et ses dérivés, mots tirés de *compassion,* s'écrivent sans accent. — **Pâtir,** souffrir, prend l'accent circonflexe.

Compétant, part. prés. du verbe *compéter.* T. de jurisp. Ne pas confondre avec l'adj. **compétent.** *Juge compétent. Service compétent.*

Complaire, v. n.; son part. passé est toujours invar. (V. *Déplaire, plaire.*)

Complet, complaît. (Homon.)

Complétement, s. m., action de rendre complet, s'écrit par un accent aigu. Ne pas confondre avec **complètement,** adv., qui prend un accent grave.

29. — **Compris,** part. passé du v. *comprendre. Y compris, non compris* sont invariables lorsqu'ils précèdent le subst. et s'accordent avec lui quand ils le suivent. *Combien aviez-vous en caisse, non compris les traites? Il a dix mille francs de revenu, la maison où il loge non comprise.*

Comptant, contant, content. (Homon.)

Compte, conte, comte. (Homon.)

Comté, s. m., autrefois du fém. Fém. seulement dans *Franche-Comté.* On dit *un comté-pairie.*

Concurremment, adv. On pron. *concurramment.*

Condamner et ses dérivés. On ne prononce pas le *m*.

Confie, confit, qu'on fît. (Homon.)

Congeler, v. n., ne double jamais le *l. Il se congèle.*

Congrûment, adv. On n'écrit pas *congruement.*

Contentieux, se prononce *contencieux.*

Continûment, adv., et non pas *continuement.*

30. — Contre. Les composés suivants s'écrivent en un mot : *contrebasse, contrefort, contremaître, contremarque, contremarche, contrepoids, contrepoint, contrepointe, contrepoison, contreseing, contresigner, contresens, contretemps, contrevent.*

Contredire. (Voir *Dire.*)

Contre-ordre, au pl. *contre-ordres,* de même que tous les composés de *contre* en deux mots.

Convaincant, adj., *argument convaincant.* Ne pas le confondre avec **convainquant,** part. prés. du v. *convaincre.*

Convaincre, se conj. comme *vaincre.*

Convergent, adj. *Rayons convergents.* Ne pas le confondre avec **convergeant,** part. prés. du v. *converger.*

Coq, coke, coque. (Homon.)

Cor, corps, cors. (Homon.)

Cordon bleu, au plur. *cordons bleus.*

Cornette, s. m., porte-étendard. — **Cornette,** s. f., coiffe de femme.

Cote, côte, cotte, quote. (Homon.)

Cotte de mailles, au plur. *cottes de mailles.*

Cou, coud, coût, coup. (Homon.)

Cou-de-pied, s. m., articulation de la jambe avec le pied. Ne pas écrire *coude-pied* ou *coup de pied.* Au pl. *cous-de-pied.*

Coupe-gorge ne varie pas au pl.; **coupe-jarret, coupe-racine,** font *coupe-jarrets,* — *racines.*

Courbatu, courbature, ne sont pas des dérivés de *battre,* dont le part. passé est *battu*. Eviter ce rapprochement et écrire par un seul *t*.

Court vêtu, e, en deux mots, sans trait d'union, au plur. *court vêtus, es*. **Court-jointé** prend le trait d'union, au pl. *court-jointés,*

Court, cour, cours, courre. (Homon.)

Courte-botte, au pl. *courtes-bottes*.

Courtepointe, en un seul mot.

31. — **Coûté,** part. passé du v. *coûter*, est toujours invariable. *La peine que ce travail m'a coûté. Les cent mille francs que ce bien m'a coûté.*

Couvre-chef, couvre-pied, au pl. *couvre-chefs, — pieds ;* **couvre-feu** est invar.

Crapaud volant, au pl. *crapauds volants*.

Crêpe, s. m., voile de deuil. — **Crêpe, s. f.,** pâte mince et frite.

Crête-de-coq, au pl. *crêtes-de-coq*.

Crève-cœur est invar. au pl.

32. — **Croire, v. a. irr.,** a une grande analogie de conjug. avec le v. **croître.** *Je crois, nous croyons ; je croyais, nous croyions ; je crus, nous crûmes ; je croirai, je croirais ; crois, croyons, croyez ; que je croie, que nous croyions ; que je crusse, que nous crussions ; croyant, cru, crue.*
Exemples d'applications du part. **cru.** *Telles sont les mesures que nous avons cru convenable de prendre ; que nous avons crues convenables ; que nous avons cru devoir prendre ; que nous avons crues devoir être prises ; que nous avons crues devoir réussir.*

Croître, v. n. irrég. (Voir la conj. de **croire.**) *Je crois, nous croissons ; je croissais ; je crûs, nous crûmes ; je croîtrai ; je croîtrais ; crois, croissons, croissez ; que je croisse, que nous croissions ; que je crusse, que nous crussions ; croissant, crû, crue.* **Accru, décru** ne prennent pas l'accent circonflexe.

Croit, croît, croix. (Homon.)

Croque-note, au pl. *croque-notes*.

Croque au sel (à la) s'écrit sans trait d'union.

Crucifiement, s. m. On prononce et on écrit aussi *crucifîment.*

Crûment, adv. On n'écrit pas *cruement.*

Cueillir, v. a. et ses dérivés. Éviter d'intervertir l'*u* et l'*e* par inadvertance.

Culbute, culbuter s'écrivent par un seul *t.*

Cul-de-jatte s'écrit par des traits d'union, de même que *cul-de-lampe;* au pluriel *culs-de-jatte, culs-de-lampe.* — **Cul de basse fosse** s'écrit sans trait d'union ; au pl. *culs de basse fosse.*

Curaçao, s. m. On prononce *curaço.*

Cure-dent, au pl. *cure-dents* ; **cure-oreille** fait également *cure-oreilles.*

D

D, s. m., invar. au pl. *De petits d.* Se prononce comme *t* quand il se trouve à la fin d'adj. immédiatement suivis de leurs subst. et que ceux-ci commencent par une voyelle ou un *h* non aspiré. *Grand homme, profond ennui.* Il ne se prononce pas lorsque l'adj. n'est pas immédiatement suivi de son subst. *Un ennui profond accable,* et dans un *froid excessif, un bord escarpé.* Il sonne enfin comme *t* à la fin d'un verbe suivi de *il, elle, on ; répond-il? rend-elle? répond-on?* dans les locutions *de fond en comble, de pied en cap* et dans toutes les troisièmes personnes du présent de l'indicatif, dans les verbes suivis de mots commençant par une voyelle ou un *h* muet. *Il répond à tout, cela le rend habile, il prend intérêt.*

La prononciation de *d* se redouble dans *addition. adduction, reddition* et leurs dérivés.

Daim, s. m. On prononce *dain.* La femelle s'appelle *daine;* on prononce *dine.*

Dam, dans, dent. (Homon.)

Dame-jeanne, au pl. *dames-jeannes.*

Damner et ses dérivés. On ne prononce pas le *m*.

Danse, danse (je, il), dense. (Homon.)

Date, date (je, il), datte. (Homon.)

33. — **De**, prép. Lorsque deux noms sont unis par *de*, le second reste au sing. quand il a un sens indéterminé ou général et qu'il indique une espèce, une classe, une sorte ; il prend au contraire le signe du pluriel, quand il est employé dans un sens déterminé et qu'il signifie les individus eux-mêmes de cette espèce, de cette classe, de cette sorte. On dit : *de l'huile d'olive*, parce que les olives n'entrent pas individuellement dans la composition de l'huile, mais parce que l'huile en est tirée, extraite ; mais on dit *une assiette, un baril d'olives*, parce que le baril, l'assiette sont composés d'un nombre d'individus de l'espèce de fruit nommé *olive*. De même on dit : *du suc de pomme*, et *de la marmelade de pommes ; — des queues, du crin de cheval*, et *une troupe de chevaux ; — un troupeau de moutons* et *des gigots de mouton ; — un bouquet de roses* et *de l'eau de rose ; — une fricassée de poulets*, et *de l'eau de poulet*. On dit : *de la confiture de groseilles*, parce que les groseilles entrent individuellement dans la composition de cette espèce de gelée, et l'on dit *du sirop de groseille, du sirop de citron*, parce que le sirop est tiré de la groseille, du citron, et que ces fruits n'entrent pas individuellement dans sa composition. On dit : *conserve de mauve, de capillaire, de violette*, parce qu'il s'agit d'espèces et *conserve de pistaches, de citrons, de roses*, parce qu'il s'agit d'individus. On dit encore : *biscuit, pâte d'abricots, de cerises, de raisins*, c.-à-d., composé avec *des abricots, des cerises, des raisins*. *De la fécule de pomme de terre*, et *un ragoût de pommes de terre*. *Des morceaux de brique* et *un mur de briques*.

L'Académie écrit au sing. : *une couverture de fourgon, de charrette, de chariot, de mulet, de lit, de fauteuil, de canapé ;*

Gelée de veau, de groseille, de pomme ; huile d'olive, de faîne, de navette, de colza, de ricin, de lin, d'œillette, de poisson, de térébenthine, de lavande, de citron, de pétrole, d'absinthe, de camomille, de fleurs d'orange ;

Des œillets de poète, des œilletons d'artichaut, des pieds de basilic, de giroflée. Des valets, des gens de pied.

Elle écrit au pluriel : *de la gelée, de la pâte, du sirop, de la confiture de coings ; de la marmelade de pommes, de prunes ; un pied, un pot d'œillets; des pieds, des troncs d'arbres; un pot de confitures; de la pâte, un biscuit d'amandes;*

Au sing. : *de l'huile de rose, du lait d'amande,* et au pl.: *de l'huile de roses de Provins, de l'huile d'amandes douces.*

On dit : *un marchand de plume* (pour lits) et *un marchand de plumes* (à écrire); *un marchand de drap, de linge, de papier, de toile,* et *un marchand de draps de Sedan, de papiers de tenture, de toiles d'emballage. Des caprices de femme* et *une pension de femmes. Un revendeur de poisson,* et *un marchand d'huîtres, d'écrevisses;*

Une personne pleine de bonne volonté et *un homme rempli de défauts. Un musicien rempli de talent* et *une personne pleine de talents.*

Dé, des, dais, dès, dey. (Homon.)

Déceler, v. a. Toutes les fois que le *l* est suivi d'un *e* muet, on met un accent grave sur l'*e* qui précède. *Je décèle.*

Décent, descend (il). (Homon.)

Déciller, v. a., originaire de *cil.* On écrit aussi *dessiller;* cette dernière forme est plus usitée.

Décolleter, v. a., ne double jamais le *t* devant un *e* muet. *Ce corsage décollète trop.*

Décompte et tous les dérivés de *compte.* On ne prononce pas le *p.*

Dédire. (Voir *Dire.*)

Défi, défie, défit. (Homon.)

Dégeler, v. a., ne double jamais le *l.*

Dégoûtant, adj. verb. du v. dégoûter. *Un repas dégoûtant.* Ne pas confondre avec **dégouttant,** couler goutte à goutte. *Des habits dégouttants de pluie.*

Déjeuner, s. m., ou *déjeuné.* La première forme est plus usitée.

Delà, prép. *Delà les monts, par delà la rivière.* En deux mots, *de* est prép., *là,* adv. *A deux lieues de là.*

Délacer, délasser. (Homon.)

34. — Délice, s. masc. au sing. et fém. au plur. *C'est un délice. L'étude fait toutes ses délices.*

De même que. (Voir *Sujet.*)

35. — **Demi**, adj., sans plur. s'accorde en genre avec le subst. qui le précède. *Une heure et demie, trois parts et demie.* Invariable quand il précède immédiatement son subst. auquel il se joint alors par un tiret. *Demi-heure , demi-lune, des demi-cercles.* Employé subst., avec la signification de *demi-heure, demi* s'écrit *demie* et prend la marque du plur. *Cette horloge sonne les demies.*

A demi, loc. adv., est toujours invariable. *Faire les choses à demi.*

Dénuement, s. m., préférable à *dénûment.*

Déplaire, v. n. Son part. passé est toujours invar. (V. *Complaire, plaire.*)

Déploiement, s. m., ne s'écrit jamais *déploîment.*

Derechef, adv., s'écrit en un seul mot.

Désenivrer, v. a. On pron. *dézanivrer.*

Dessein, dessin. (Homon.)

Désuétude, s. f. On pron. *dessuétude.*

Dévoiement, s. m., ne s'écrit pas *dévoîment.*

36. — **Devoir**, v. a. irrég. Son part. passé prend un accent circonfl. au masc. sing. *dû.* Il n'en prend ni au fém. ni au plur. : *due, dus, dues.*

Le part. passé est inv. dans la phrase suivante : *je lui ai rendu toutes les politesses que j'ai dû*, parce que dans ce cas *que* n'est pas le régime de *dû*, mais celui du v. *rendre* sous-entendu. Il n'en est pas de même dans l'exemple suivant : *j'ai reçu de lui toutes les sommes qu'il m'a dues*, parce qu'ici le relatif *que* est bien le régime direct de *dues*, placé après lui. (V. *Pu* et *Voulu.*) — *Redevoir* fait *redû.*

Dévouement, s. m. On écrit aussi *dévoûment ;* mais la première forme est plus usitée.

Diagnostic, s. m., se prononce comme l'adj. **diagnostique**. *Prendre le diagnostic d'une maladie. Les signes diagnostiques de la fièvre.*

Différant , part. prés. du v. *différer.* Ne pas confondre avec **différent**, adj., ni avec **différend**, s. masc.

Dilemme, s. m. On pron. *diléme.*

Dîner, s. m. On écrit aussi *diné*, mais *diner* vaut mieux. *Après-diner*, *après-diners*, s. m.

Dire, v. a. irrég. Son part. passé se joint, sans tiret, avec les articles et les pronoms. *Ledit objet, ladite maison, audit lieu, sondit procès.* On écrit également : *le susdit, les susdits, la susdite, les sus-dites.*—Redire, comme *dire*, fait vous *redites* à la 2ᵉ pers. du pl. du prés. de l'indic. et *redites* à l'impér. même pers. Mais **contredire, dédire, interdire, médire, prédire** font à ces mêmes pers. : *contredisez, dédisez, interdisez, médisez, prédisez.* — **Maudire** fait *vous maudissez, maudissez.*

Dissyllabe, s. m., par deux *s*.

Dissoner, *dissonant, dissonance*, dérivés de *son*, ne prennent pas deux *n*. (Voir *Son*.)

District, s. m. On pron. *distric*.

Divergeant, part. prés. du v. *diverger*. Ne pas confondre avec l'adj. **divergent**.

Dix, adj., forme *dixième* qu'on pron. *dizième*, et *dizain, dizaine, dizenier* par un *z* à la place de l'*x*.

Doigt, s. m., et ses dérivés, *doigter, doigté.* On pron. *doi, doiter, doité*.

Dommage, s. m. On écrit *dommages-intérêts* par un trait d'union et *dommages et intérêts* par la conj. *et*.

Dompter et ses dérivés. On ne pronnce pas le *p*.

Don fait *donation, donateur, donataire*, par un *n*; et *donner, donneur, donnant* par deux *nn*.

Don, donc, dont, dom. (Homon.)

Dore, dort (il). (Homon.)

37. — **Dormir**, v. n. Son part. passé *dormi* est toujours invariable. *Les heures qu'il a dormi.* (Voir *Durer, régner, gémir*.)

Douaire, douairière. On prononce *douère, douèrière*.

Douce-amère, au pl. *douces-amères*.

Drachme, s. f. On prononce *dragme*.

Droit, adj. On écrit, en parlant d'une jeune fille, *marchez droit* si l'on entend lui recommander de marcher dans une ligne directe, et *marchez droite*, si l'on veut recommander de marcher **le corps droit**.

Du, dû, dût (qu'il), **dut, dus** (je). (Homon.)

Dûment, adv. et non pas *duement*; *indûment*, et non pas *induement*.

38. — **Durer, v. n.** Son part. passé est toujours invariable. *Les années que cette révolte a duré. Les six heures qu'a duré la tempête.* (V. *Dormir, régner, gémir.*)

Dysenterie, s. f., et ses dérivés s'écrivent par un seul *s*.

E

E., s. m. inv., au pl. *Des e longs.* Il y a trois sortes d'*e* : l'*e* ouvert, l'*e* muet, l'*e* fermé. Dans *sévère*, le premier *e* est fermé, le second est ouvert, le troisième est muet. L'*e* muet final s'élide ordinairement dans la prononciation quand il est suivi d'une voyelle ou d'un *h* muet, *jeune élève, belle étoffe*. On prononce *jeun' élève, bell' étoffe*.

E, marqué d'un tréma, se sépare, dans la prononciation, de la voyelle qui le précède. *Noël, ciguë, aiguë.* On prononce *No-el, cigu, aigu*.

Lorsque *e* est suivi de *nt*, il prend ordinairement le son de l'*a* : *comment, sentiment, vent*, excepté dans les 3ᵉˢ personnes du pluriel des verbes, où il est muet. *Ils aiment. Ils voient.* Si *e* est suivi seulement d'un *n*, il conserve le son qui lui est propre dans *moyen, citoyen, doyen, Salien, Troyen*, et leurs dérivés. Si *e* est joint à un *m* suivi d'un *b*, d'un *p*, ou d'un autre *m*, il se prononce comme *a*. *Embaumer, emporter, emmener.*

Eau-forte, eau seconde, au pl. *eaux-fortes, eaux secondes.*

Ébène, sorte de bois, est un subst. fém. *Ébène polie.*

Écarlate, belle couleur rouge, est un subst. fém. *Belle écarlate.*

Échec, s. m. Le *c* final ne se prononce pas lorsqu'on parle du jeu d'échecs. *Jouer aux échecs.* Il se prononce dans les autres cas.

Écho, écot. (Homon.)

Échoir, v. n. défectif et irrég. Ne s'emploie qu'aux personnes et aux temps suivants : *il échoit* (se prononce échet) ou *échet, ils échoient ; il échéait, ils échéaient ; il échut, ils échurent ; il écherra, ils écherront ; il écherrait, ils écherraient ; qu'il échée, qu'ils échéent ; qu'il échût, qu'ils échussent ; échéant, échu, échue.*

Éclair, éclaire. (Homon.)

Éclat, Hécla. (Homon.)

Éclyptique est du fém.

Éclore, v. n. déf., n'est guère usité qu'aux personnes et temps suivants : *il éclôt, ils éclosent ; il éclôra, ils éclôront ; il éclôrait, ils éclôraient ; qu'il éclose, qu'ils éclosent ; éclos, éclose.* On remarquera que dans ce verbe l'*o* prend un accent circonfl., excepté à l'infinitif et toutes les fois qu'il est suivi d'un *s*.

Écoutant, part. prés. du v. *écouter*. Il est subs. dans le sens d'auditeur. *Ce discours ravit les écoutants.*

Écuménique et ses dérivés. On écrit de préférence *œcuménique, etc.*

Effort, éphore. (Homon.)

Égard, égare. (Homon.)

Élisez (vous), Élisée. (Homon.)

Élytre, s. m. Quelques-uns le font du fém. Le masc. est plus usité.

Embonpoint, s. m., est le seul mot où l'on rencontre la lettre *n* immédiatement placée devant *p*. (Voir *N*.)

Éminent, adj. *Péril éminent,* c'est-à-dire danger très grand ; ne pas le confondre avec *imminent,* qui signifie près de tomber. Dans ce dernier mot d'ailleurs l'*i* conserve le son qui lui est propre et les deux *m* se font sentir.

Emmailloter, v. a. La syllabe *em* se pron. *an.* S'écrit par un seul *t*.

Emmener, v. a. La syllabe *em* se pron. *an.* (Voir *Amener*.)

Empiétement prend un accent aigu, de même que *empiéter*.

Employer, v. a. Dans la conj. de ce verbe, l'*y* de l'inf. se change

. en *i* devant un *e* muet, j'*emploie*. On écrit aussi : *nous employions,
vous employiez ; que nous employions, que vous employiez,* à l'imparf.
de l'indic. et au prés. du subj.

Emporter, v. a. Dans la locution *l'emporter sur,* ce part. passé
est toujours invar. *Elle l'a emporté sur ses rivales.*

39. — **En,** pron. relat., ne commande jamais l'accord du part.
passé qui le suit. *Il sait beaucoup de choses, il en a inventé quelques-
unes. J'ai vu beaucoup d'hommes aimables, j'en ai trouvé d'un peu
lourds.* Mais on écrira : *cette personne est au-dessous de la description
qu'on en a faite,* parce que le part. *faite* est précédé ici du compl.
direct *que* mis pour *description.*

Avec *en* précédé de *combien, plus,* le part. passé reste invariable
(Acad.). *Combien en a-t-on vu ? De roses, combien en avez-vous cueilli ?
De pages, combien en avez-vous écrit ? De livres, combien en avez-
vous perdu ?*

On écrit de même : *j'en ai beaucoup lu ; il en a tant écrit ; de
fautes, il en a tant commis ; que de pays il a ravagé !*

Encaisse est du fém.

En-cas, au pl. des *en-cas.*

Encre, ancre. (Homon.)

Enfant se met au fém. lorsqu'on parle d'une jeune fille. *La
pauvre, la belle enfant.*

Enflure s'écrit sans accent circonflexe.

Engouement, s. m., préférable à *engoûment.*

Enivrer et ses dérivés se prononcent *an-nivrer,* etc.

Enjouement, s. m. On pron., mais on n'écrit pas *enjoûment.*

Ennoblir. Ne pas confondre avec *anoblir* (voir ce mot), bien que
la prononciation diffère. Ainsi *ennoblir* se pron. *an-noblir,* tandis
que *anoblir* se dit *a-noblir.*

Ennui et ses dérivés. La première syllabe est nasale, *an-nui.*

Enorgueillir, v. a. On pron. *an-norgueillir.* Quelques-uns pron.
énorgueillir. Ne pas écrire l'*e* devant l'*u* par inadvertance.

Enseigne, s. m., officier de marine. — **Enseigne, s.** f., tableau
de marchand, drapeau.

Ensuivre (s'). Ne pas l'écrire en deux mots. *Il s'ensuivit que...*

En-tête, au pl. *en-têtes*.

40. — **Entre**, prép. Le *e* final ne s'élide jamais dans *entre eux, entre elles, entre autres*.

Cette prép. entre dans la formation de plusieurs verbes pronominaux. Si le verbe auquel elle est jointe commence par une voyelle, l'*e* final s'élide : *s'entr'aider, s'entr'accuser, s'entr'avertir*. Si le verbe commence par une consonne, on réunit les deux mots par un tiret : *s'entre-croiser, s'entre-nuire*, etc., excepté dans *entrecouper, entrelacer, entrelarder, entremêler, entremettre, entreposer, entreprendre, entretenir, entrevoir*, qui ne forment qu'un seul mot.

Dans tous ces verbes le part. passé s'accorde avec le nom qui précède. Il faut en excepter *s'entre-nuire, s'entre-donner, s'entre-répondre*, qui signifient *nuire, donner, répondre à soi* mutuellement.

Composés de *entre* en un seul mot, autres que les verbes ci-dessus donnés : *entregent, entrechat, entrecôte, entrefaites, entrelacs, entremets, entremise, entrepas, entrepont, entrepôt, entreprise, entresol, entretaillure, entretien, entretoile, entretoise, entrevue.*

On écrit *entretaille* en un seul mot et *s'entre-tailler* en deux.

Envergure, s. f. C'est à tort que certaines personnes prononcent *enverjure* comme dans *gageure*.

41. — **Envi (à l')**. Locution adv., qui signifie *à qui mieux mieux*, s'écrit sans *e* à la fin. *Ils s'amusèrent à l'envi*. Ne pas confondre avec *envie*.

42. — **Épargner (s')**, v. pron. Dans le sens de se dispenser, le pron. qui précède le part. est compl. ind. et ne commande pas l'accord. *Ils se sont épargné de l'ennui.* Dans le sens de se ménager, le pron. est compl. dir. et veut l'accord. *Les deux adversaires s'étaient épargnés.*

Éphémérides, subs. fém., n'a pas de sing.

Épi d'eau, au pl. *épis d'eau*.

Épine-vinette, au pl. *épines-vinettes*.

Épousseter, v. a., ne double jamais le *t* devant l'*e* muet.

Équinoxe est du masc.

Érésipèle, s. m., et non pas *érysipèle*. (Acad.)

Ermite, ermitage ou *hermite, hermitage* ; la première forme est plus courante.

Erratum ou *errata*, subs. masc., fait au pluriel *des errata*.

Espace, s. m., étendue. — **Espace**, s. f., terme de géométrie, de mécanique.

Essuie-main, au pl. *essuie-mains*.

Étai, étaie (j', il), était (il). (Homon.)

Étain, étaim, éteins (j'). (Homon.)

Étang, étant, étend. (Homon.)

43. — **Être**, précédé de *ce*, ne peut se mettre au pluriel que devant une troisième personne plurielle figurant un attribut. *Ce sont eux qui; ce furent les Anglais qui.* Il faut dire : *c'est vous, c'est nous qui*, parce que *nous, vous* sont de la première et de la deuxième personnes.

Sur l'emploi du verbe *être* au pluriel ou au sing., devant une troisième personne plurielle, il n'y a pas de règle absolue. L'usage le plus général est de mettre le verbe au pluriel. *Ce n'étaient que festins. Quand ce seraient les Romains qui.....* Excepté lorsque le verbe *être* est suivi d'un adj. num. précédant un nom de choses qui se comptent. *C'est huit heures qui sonnent ; c'est dix francs qu'il doit.*

Le verbe *être*, suivi de plusieurs substantifs ou pronoms du sing., se met ordinairement au sing. *C'est l'avarice et l'ambition qui troublent le monde.* Excepté dans une question : *quels sont les plus grands fleuves de la France ? Ce sont la Loire, le Rhône, etc.* — Si le premier subst. est au sing. et le second au pluriel, le verbe *être* se met au sing. *C'est la gloire et les plaisirs qu'il recherche.* Il en est de même si le premier de deux subst. est au pluriel et le second au sing., accompagné d'une négation. *C'est donc les dieux et non pas la mer qu'il faut craindre.*

Eux, œufs. (Homon.)

Événement prend un accent aigu sur le 1er et le 2e *e*.

Exagone, s. m. On écrit mieux *hexagone*.

Excédant s'écrit par un *a* lorsqu'il est part. prés. du v. *excéder*. Ne pas confondre avec **excédent** (surcroît), subst. masc.

Excellant, part. prés. du v. *exceller*. Ne pas confondre avec l'adj. **excellent**.

Exceller, v. n., garde les deux *ll* dans toute sa conjugaison.

Exhorter, v. a., et ses dérivés s'écrivent par un *h*, tandis qu'**exorbitant** et ses dérivés s'écrivent sans *h*.

Exiger, v. a., fait **exigence**, subst. fém., et **exigeant**, adj.

Existence, s. f. Se bien garder d'écrire ce mot par un *a*.

Expédiant, part. passé du v. *expédier*. Ne pas confondre avec **expédient**, adj. masc., qui facilite. *Il est expédient de faire cela*; ni avec *expédient*, s. m., procédé, moyen de se tirer d'embarras. *Trouvez-moi quelque expédient*.

Extravagant, adj., fou, bizarre. Ne pas confondre avec **extravaguant**, part. passé du v. *extravaguer*.

Ex-voto, au pl. *ex-voto*.

F

F, s. m., inv. au pl. *Des f majuscules*. A la fin des mots, cette lettre se prononce ordinairement aussi bien au sing. qu'au plur., soit que le mot suivant commence par une consonne ou une voyelle. *Vif amour, soif ardente, soif dévorante, nef éclatante, nef sombre*. Il faut en excepter, *clef, nerf*, et quelques autres mots dont le *f* ne se prononce ni au sing. ni au pl., *œuf et bœuf*, dans lesquels le *f* ne se prononce qu'au sing. et *neuf* (nom de nombre), dans lequel le *f* ne sonne pas dans *neuf mille, neuf cents, neuf livres*, ou se prononce comme *v* dans *neuf écus, neuf hommes*.

Cette lettre se redouble dans les mots qui commencent 1° par *af*, excepté *afin, Afrique, africain*; 2° par *ef*, excepté *éfaufiler, éfourceau*; 3° par *dif*, par *of*, par *sif* et par *suf* sans exception; 4° par *souf*, excepté *soufre, boursoufler* et leurs dérivés; 5° dans tous les mots en *fer, biffer, piaffer, coiffer*, etc. L'Acad. a supprimé un *f* dans *patarafe*.

Fabricant, s. m., industriel. Ne pas confondre avec **fabriquant**, part. prés. du verbe *fabriquer*. *Un fabricant d'outils. Une ouvrière fabriquant des paniers.*

Face, fasse. (Homon.)

Facétie, s. f., et ses dérivés. Le *t* se prononce comme *c*.

Factieux. Le *t* se pron. comme un *c*, de même que dans *faction, factionnaire.*

Faïence, faïencier ne s'écrivent plus *fayence, fayencier*. (Voir *Baïonnette.*)

Faim, feint, fin. (Homon.)

Faîne, fœne. (Homon.)

44. — **Faire.** Employé impersonnellement pour indiquer l'état de l'atmosphère est invariable au part. passé. *Les froids, les chaleurs qu'il a fait.* Suivi d'un infinitif, le part. *fait* est toujours invariable. *Elle s'est fait aimer. Ils se sont fait battre.*

Fais (je, tu), fait, faix. (Homon.)

45. — **Falloir**, v. impers., est invar. au part. passé. *Les documents qu'il lui a fallu.*

Faon, faonner se pron. *fan, faner*. — Fend. (Homon.)

Fard, phare. (Homon.)

Fatigant, adj. Ne pas le confondre avec **fatiguant**, part. prés. du v. *fatiguer*.

Fatras, s. m., et non pas *fratras*. On ne pron. pas le *s*.

Fausse, fausse (je, il), fosse. (Homon.)

Fausse clef, fausse monnaie, au pl. *fausses clefs, —monnaies.*

Faux, s. f., instrument pour faucher. On n'écrit plus *faulx*.

Faux-bourdon, au pl. *faux-bourdons*. S'écrivent encore par un trait d'union *faux-fuyant* (1), *faux-saunier*, au pl. — *fuyants, — sauniers.*

Les mots suivants s'écrivent sans trait d'union : *faux brillant, faux*

______

(1) L'Acad. a écrit comme exemple : *user de faux-fuyant*. Nous pensons, avec beaucoup de grammairiens, qu'il faut écrire *faux-fuyants*.

ébénier, *faux monnayeur, faux nez, faux pli;* ils font, au pluriel, *faux brillants,* — *ébéniers,* —*monnayeurs,* — *plis.*

Femme, femmelette. On pron. *fame, famelette. Efféminé, féminin,* dérivés du mot *femme,* s'écrivent par un seul *m.*

Fenil, s. m. Endroit où l'on serre du foin. On mouille le *l.*

Fer, ferre, faire, Fère (La). (Homon.)

Fer-blanc, au pl. *fers-blancs.*

Fesse-mathieu, au pl. *fesse-mathieux.*

Fête, faîte, faites. (Homon.)

Fête-Dieu, au pl. *Fêtes-Dieu.*

46. — **Feu, feue,** adj., n'a pas de plur. et ne prend pas la terminaison féminine devant un art. ou un adj. poss. *Feu la reine, feu ma sœur.* Mais on écrira : *la feue reine, ma feue tante.*

Fier-à-bras, au pl. *fier-à-bras.*

Finale, dernière syllabe d'un mot, est fém.— **Finale,** terme de musique, est masc. *Les finales de cet opéra ont été fort goûtés.*

Fit, fi! fie. (Homon.)

Flux, reflux. Devant une consonne on ne pron. pas le *x.* Devant une voyelle le *x* prend le son du *z. Le flux* (fluz) *et le reflux* (reflu) de la mer.

Foi, fois, foie, Foix. (Homon.)

Folle enchère, au pl. *folles enchères.*

47.— **Fond,** s. m., s'écrit sans *s* final quand il signifie. : 1° profondeur : *le fond d'un puits, d'un sac, d'une boutique;* 2° degré de fermeté et qualité d'un terrain : *un fond d'argile;* 3° en parlant d'étoffes : *velours à fond d'or, broderie sur fond de soie;* 4° au figuré : *le fond d'une doctrine, d'un procès, le fond et la forme d'un écrit.*

Fonds prend un *s* au sing. quand il signifie : 1° le sol d'une terre : *cultiver un fonds, bâtir sur son fonds;* 2° une somme d'argent : *être en fonds, le fonds de la Banque, le fonds et le revenu, le fonds d'un magasin;* 3° qui a de la capacité, du savoir, une dose de... : *cet homme a un fonds de vertu, un grand fonds d'esprit, un fonds de probité.*

La locution *à fond* est toujours invariable. *Il connaît son histoire à fond.*

On écrit avec *ts : fonts baptismaux* (sans trait d'union).

Forêt, s. f., étendue plantée d'arbre. — **Foret**, s. m., outil pour percer.

Fort. *Se faire fort ;* dans cette phrase, *fort* s'emploie sans genre ni nombre. Une femme dira : *je me fais fort ;* au plur. on écrira : *ils se sont faits fort.*

Fort, for (intérieur), fors, je fore. (Homon.)

Forte-piano, au pl. *forte-pianos.*

Foudre, feu du ciel, est du fém. Il est du masc. dans les phrases suivantes : *un aigle tenant un foudre dans ses serres, un foudre de guerre, d'éloquence.*

Foudroiement, s. m. On pron. mais on n'écrit pas *foudroîment.*

Fourmi-lion, au pl. *fourmi-lions.*

Fourvoiement, s. m. On pron. mais on n'écrit pas *fourvoîment.*

Frai, frais, fraye (je, il). (Homon.)

Franc. Les composés *franc archer* et *franc Taupin,* au pl. *francs archers, francs Taupins,* sont les seuls qui s'écrivent sans trait d'union. Les autres composés font au plur. *francs-alleux,* — *bords,* — *fiefs,* — *juges,* — *funins,* — *maçons,* — *quartiers,* — *réals,* — *tireurs.*

Franc de port est invar. quand il précède le subst. ; il est adj. et s'accorde quand il le suit. *Envoyez-lui franc de port deux cents balles. Expédiez-moi deux barils francs de port.*

Fulmicoton en un seul mot.

Fût-ce (ne). Ne pas confondre avec *ne fussent.* (Homon.)

Fusil, s. m., se pron. *fusi.* Dans *fusiller,* v. a., on mouille les *ll.* — **Fusilier,** s. m., s'écrit par un *l* et se pron. comme *marguillier.*

G

G., s. m., inv. au pl. *Des g durs.* Se prononce *gue* devant *a, o, u;* *garde, gond, quérir* et *j* devant *e, i : genou, gibet, suggérer, pigeon, mangea, gageure.*

Pour donner à cette lettre le son dur devant *e, i,* on la fait suivre d'un *u : gueule, guinée.* Mais l'*u* se fait entendre dans : *aiguille, aiguiser, arguer, inextinguible,* et dans les noms propres : *Aiguillon, Guise, le Guide.*

Suivi de *n, g* forme une prononciation mouillée : *cigne, incognito, compagnon, agneau,* etc. dans le corps des mots, excepté : *ignition, cognation, cognat, agnat, diagnostic, stagnation, Progné, igné, ignition, régnicole, inexpugnable* et leurs dérivés, dans lesquels le *g* et le *n* sont entendus séparément. Il en est de même au commencement des mots dérivés du grec ou du latin : *gnomon, gnostiques, gnome, Gnide.*

Dans les noms propres *Clugny, Regnaud, Regnard,* et dans le nom commun *signet,* le *n* ne se prononce pas.

A la fin d'un mot suivi d'un autre mot commençant par une voyelle ou un *h* muet, *g* prend le son de *k. Un rang illustre, un long arrêt.*

Dans *seing, étang, g* ne se prononce pas, même devant une voyelle.

G se redouble seulement dans *agglomérer, agglutiner, aggraver, aggrégat, suggérer* et leurs dérivés.

Gageure, s. f. On prononce *gajure.*

Gagne-denier, au pl. *gagne-deniers; gagne-pain, gagne-petit* sont invar.

Gai, gué, guet. (Homon.)

Gaiement, gaieté, ou *gaîment, gaîté.*

Gaine, gainier et non plus *gaine, gainier.*

Gale, galle, Galles. (Homon.)

Gand, gant. (Homon.)

Gangrène, s. f. On pron. et on écrit aussi *cangrène*.

Gard, gare, gare! gars. (Homon.)

Garde, s. m., gardien. — **Garde**, s. f., troupe de soldats, femmes gardant les malades, partie de la poignée d'une épée.

48. — **Garde**. Dans les subst. composés où garde est pris dans le sens de *gardien*, *garde* est subst. susceptible de prendre la marque du pl. Mais lorsque, dans les mêmes mots, *garde* est verbe, signif. qui préserve, qui garantit, il ne prend pas la marque du plur. On écrira donc au plur. *gardes-bois, gardes-chasse, gardes-chiourme, gardes-malades, gardes-marine, gardes-notes* (notaires), *gardes-ports, gardes-sacs* (greffier), *gardes-scels, gardes-vaisselle* (officier), etc, parce que, dans tous ces exemples, le mot *garde* désigne une personne et *garde-boutique, garde-feu, garde-fous, garde-main, garde-manger, garde-meubles, garde-robes, garde-vue*, etc.

On écrit : *un garde-française, un garde-suisse, des gardes-françaises, des gardes-suisses.*

Et, sans trait d'union, *un garde royal, un garde municipal, un garde national, un garde champêtre, un garde forestier* ; au pl. *des gardes royaux, municipaux*, etc.

Gâte-métier est invar. au pl.

Gaz, gaze (je, il), gazs. (Homon.)

Gémir, v. n. Son part. pass. est toujours invar. *Les années que ce malheureux a gémi dans les fers.* (Voir *Dormir, durer, régner*.)

Gêne, gênes (tu), Gênes. (Homon.)

Gens, jan, Jean. (Homon.)

49. — **Gens**, s. f. pl. Le sing. est *gent. La gent canine.*

Le subst. *gens* éveille toujours l'idée d'une pluralité d'individus, d'une réunion d'hommes, de sorte que les adj. et les pron. qui s'y rapportent s'accordent avec l'idée qu'il exprime et gardent la forme du masc. par accord sylleptique. *Les gens d'affaires, les jeunes gens. Peu de gens savent être réservés. Heureux sont les gens qui...*

Cependant si l'adj. précède *immédiatement* le mot *gens*, il prend la forme du fém. *Les vieilles gens, les bonnes gens, quelles gens.*

Il en est de même si plusieurs adj. précédent le subst. *gens.*

Certaines vieilles gens, toutes ces bonnes gens. Mais si l'adj. qui précède immédiatement *gens* n'a pas de forme particulière pour le fém. le masc. sera observé. *Certains honnêtes gens, tous ces braves gens.*

Enfin si *gens* est suivi de la prép. *de* et d'un subst. désignant une profession, l'adj. ou le part. se mettront toujours au masc. *De malheureux gens de lettres.*

Gentilhomme, s. m., au pluriel *gentilshommes* en un seul mot.

Geôlier, geôle se pron. *jôlier, jôle.*

Gobe-mouches, au pl. *gobe-mouches.*

Goéland, goélette, goémon, par un accent aigu.

Goitre, et non plus *goître.*

Gomme-gutte, au pl. *gommes-guttes.*

Goûte (il), goutte. (Homon.)

Grâce, grasse. (Homon.)

Grâces, s. f. Ce mot prend toujours une maj. dans cette acception poétique. *Les Grâces et les Ris. Les trois Grâces.*

Graisse, graisse (je, il), Grèce. (Homon.)

50. — **Grand**, adj. Composés du mot *grand* par une apostrophe : *grand'mère, grand'tante, grand'chambre, grand'chère, grand'chose, grand'garde, grand'faim, grand'messe, à grand'peine, grand'peur, grand'route, grand'pitié, grand'soif, grand'salle ;* au pl. *grand'mères, grands- grand'tantes, grand'gardes, grand'messes,* etc.

Composés du mot *grand* par une trait d'union : *grand-croix, grand-oncle, grand-père ;* au plur. *grands-croix, grands-oncles, pères.*

Grands jours, assises extraordinaires pour rendre la justice, sous l'ancienne monarchie, s'écrit en deux mots, sans trait d'union.

On écrit : *le grand livre de la dette publique*, ou simplement : *le grand livre.* En style de commerce : *grand livre*, au pl. *grands livres*, ne prend pas de trait d'union.

Gras-double, au pl. *gras-doubles.*

Gratte-papier, au pl. *gratte-papier.*

Greffe, s. m., bureau du greffier. — **Greffe,** s. f., opération de jardinage.

Grès, gré, Gray. (Homon.)

Grésil, gril. On ne pron. pas le *l*.

Grippe-sou, au pl. *grippe-sou.*

Gris de lin, *gris de souris, gris pommelé,* employés comme subst. ne prennent pas le trait d'union (Acad.), mais pris comme adj., on écrit : *cheval gris-pommelé, étoffe gris-de-lin.*

Grosse-caisse, au pl. *grosses-caisses.*

Guère, adv., ne prend de *s* final que dans les vers, lorsqu'il est nécessaire à la rime ou à la mesure. (Voir *Naguère.*)

Guet, gué, gai. (Homon.)

Guet-apens, au pl. *quets-apens.*

Guide, s. m., celui qui conduit. — **Guide,** s. f., rêne. — **Guide-âne,** au pl. *guide-ânes.*

H

H, subs. m., lorsqu'on prononce *he,* et fém. lorsqu'on dit *ache,* inv. au pluriel. *Des h muets ou muettes.*

Cette lettre est muette comme dans *habit, herbe, hoirie, humeur,* ou aspirée comme dans *hasard, héraut, horde, hure.*

Elle est muette dans *haleine, halenée,* et aspirée dans *halener;* aspirée dans *héros* et muette dans les dérivés de ce mot : *héroïne, héroïque, héroïsme,* etc.

Placé au milieu d'un mot entre deux voyelles, *h* est aspiré : *heurter, cohue, cohorte,* excepté *exhausser,* que, pour cette raison, il ne faut pas confondre avec *exaucer.*

H après un *t* n'a aucun son particulier. *Thèbes, gothique, rhume, Thrace, rythme.*

Pour *h* après un *c*. (Voir *Ch.*)

Quand *h* se trouve après *p*, les deux lettres se prononcent *f*: *physique, sphinx, Joseph, phare.*

Devant les mots féminins commençant par *h* aspiré, l'adj. poss. ne prend jamais la forme du masc., *ma haine, sa honte,* alors qu'on dit *mon humeur, ton hésitation,* parce que, dans ces derniers mots, le *h* est muet.

L'*h* a été retranché par l'Acad. dans un certain nombre de mots. On écrit maintenant : *apophlegme, aphte, autochtone, diphtongue, triphtongue, hémorragie, hémorroide, ichtyolithe, ichtyophage, ipécacuana, ophtalmie* et ses dérivés, *phtisie* et ses dérivés, *phtiriasis, ornithorynque, rythme, squirre, téorbe.*

Hache-paille, au pl. *hache-paille.*

Hâle (je, il), hâle, hale (je, il), halle. (Homon.)

Hardiment, adv., ne s'écrit jamais *hardiement* ni *hardîment.*

Hasard, s. m. Par analogie de son avec le mot *bazar,* ne pas écrire *hazard* par un *z.*

Hausse-col, au pl. *hausse-cols.*

Haut. Les composés de ce mot sans trait d'union sont : *haut fourneau, haut goût, haut justicier, haut lieu, haute cour, haute futaie, haute paye, haute trahison* : au pl. les deux mots varient. Les autres composés avec trait d'union sont : *haut-de-chausses, haut-fond, haut-le-cœur, haut-le-corps, haute-contre, haute-taille* qui font au pl. *hauts-de-chausses, hauts-fonds, hautes-contre, hautes-tailles. Haut-le-cœur, haut-le-corps* sont invariables.

Haut (en), *par en haut, par haut* s'écrivent sans trait d'union ; exepté *là-haut.*

Hautesse, hôtesse. (Homon.)

Havresac, en un seul mot et sans accent circonflexe.

Hélène, hellène. (Homon.)

Hémisphère est du masc. comme *planisphère* ; *sphère* et *atmosphère* sont du féminin.

Hennir, v. n., se prononce *hanir* ; *hennissement, hanissement.*

Héraut, héros, Hérault, Héro. (Homon.)

Héros, s. m., son *h* est aspiré; mais il est muet dans tous ses dérivés *héroïne, héroïque, héroïsme,* etc. *Héraut,* s. m., sorte d'officier, a également son *h* aspiré.

Heur, heure, heurt, Eure. (Homon.)

Hier, Hyères. (Homon.)

Hom! homme, heaume. (Homon.)

Homard, Omar. (Homon.)

Homme fait *hommasse, bonhomme.* On écrit *homicide, bonhomie* par un seul *m.*

Homme marin, au pl. *hommes marins.*

Hors-d'œuvre, s. m., partie non essentielle d'un sujet; au pl. des *hors-d'œuvre.* Ne pas confondre avec *hors d'œuvre,* sans trait d'union, travail en saillie, hors des gros murs.

Hôtel de ville, sans trait d'union; au pl. *hôtels de ville.*

Hôtel-Dieu, au pl. *Hôtels-Dieu.*

Hôte, hotte, ôte (j', il), haute. (Homon.)

Huis, huit. (Homon.)

Huis clos, sans trait d'union.

Hutte, s. f., par deux *tt.* On écrit *cahute* par un seul.

51. — **Hymne** signifiant cantique en l'honneur de la Divinité ou poème en l'honneur d'un héros est du genre masc. *Seigneur, quels hymnes sont dignes de vous! Un hymne triomphal. Hymne,* chant d'église, est du fém. *Entonner une hymne.*

I

I, s. m., inv. au pl. *Des i simples.* Unie avec *a* ou *e,* cette lettre représente le son *è: faire, peine,* ou le son *é: aimer, peiner,* ou le son *e* muet : *nous faisons, faisant.* On met un tréma sur l'*i* pour indiquer que, dans la prononciation,il doit se séparer de la voyelle qui précède ou qui suit : *Moïse, faïence, ïambe.*

I s'élide dans *s'il, s'ils.*

L'*i* a été supprimé dans le mot *besogneux.*

Il, île, Ill, Ille, Isle. (Homon.)

Ile, **îlot**, s'écrivent par un accent circonflexe sur l'*i*; *ilote, ilotisme*, ne prennent pas d'accent circonflexe.

52. — **Imaginer** (s').v. a. pron. Les pron. *me, te, se, nous, vous,* sont compl. ind. et ne commandent j'amais l'accord du part. *Elle s'est imaginé que. Ils se sont imaginé que.* Mais dans la phrase : *voilà la combinaison qu'ils se sont imaginée*, le part.doit varier parce qu'il s'accorde avec *que* mis pour *combinaison.*

Imbécile, adj., s'écrit par un *l*; *imbécillité*, s. f., par deux.

Imminent, adj. (Voir *Éminent.*)

Impéritie, s. f. Le *t* se pron. comme *ç.*

In. Les mots suivants s'écrivent sans trait d'union : *in manus, in pace, in partibus, in petto.* Les mots composés de *in* servant à désigner des formats de livres s'écrivent par un tiret. *In-octavo, in-douze, in-folio*, etc. invar. au plur. — *In-promptu* s'écrie plus couramment *impromptu.* (V. *Noms étrangers.*)

Incendie. Ce mot est du masc.malgré sa terminaison féminine. *Un vaste incendie.*

Inclus, part. passé du v. *inclure. Ci-inclus, ci-incluse.* (Voir *Ci.*)

Indemne, adj. On pron. *indémne* ; mais dans *indemnité, indemniser*, on pron. *dem* comme *dam.*

Influent, adj. Ne pas confondre avec *influant*, part. prés. du v. *influer.*

Inné, adj. On pron.les deux *n*, comme également dans les mots *innocuité, innommé, innovateur, innovation, innover.*

Innocence, innocent. On pron. *inoçance, inoçant.*

Innombrable, adj. On ne prononce qu'un *n.*

Inoculer et ses dérivés s'écrivent par un seul *n.*

Interdire (V. *Dire*.)

Interstice, s., est du genre masc.

Intervalle, s. m. , s'écrit par deux *l*; on n'en pron. qu'un.

Intrigant, adj., ne pas le confondre avec **intriguant,** part. prés. du v. *intriguer*.

Ivre mort, sans trait d'union; au plur. *ivres morts*.

J

J., s. m., inv. au plur. *Des j bouclés.*

Jais, geai, j'ai, jet. (Homon.)

Jarre, jars. (Homon.)

Je, jeu. (Homon.)

Jeter, v. a.. double le *t* devant au *e* muet. *Il jette, nous jetterons.*

Jeune, jeûne (je, il), jeûne. (Homon.)

Joint (ci-). (Voir *Ci.*)

Jouer, jouet. (Homon.)

Judas, Juda, Judas. (Homon.)

Juge-commissaire. Les deux mots varient au plur.

Jujube est du masc. (Acad.)

Jusque, prép. Suivi de *là* adv., *jusque* prend un trait d'union, *jusque-là.*

Jusque ne s'élide que devant *à, au, aux, ici. Jusqu'à demain, jusqu'ici, jusqu'aux rois.*

Cependant on peut écrire *jusques* devant *à* (Acad.). La liaison se fait alors sentir.

Juste, employé adv., est invar. *Leurs coups frappaient juste.*

L

L., s. m., lorsqu'on lui donne le son *le*, et s. f. lorsqu'on le prononce *elle*. Inv. au plur. *Des l mouillés ou mouillées*, suivant qu'ont dit *des le ou des elle*.

Cette lettre se fait entendre à la fin des mots, excepté dans *baril, chenil, coutil, fenil, fournil, fusil, outil, fils, gril, nombril, persil, sourcil* et *soûl*. Au pluriel on prononce des *profil-z-exacts*, parce que *l* se prononce dans *profil* au sing.; mais on dit: *des fusi-z-enlevés, des outi-z-excellents*, etc.

Dans *péril* et *mil* (millet), *l* prend le son mouillé comme dans les mots finissant en *ail, eil, ueil*, et *ouil*, tels que: *travail, réveil, orgueil, œil, fenouil*.

Cette lettre se prononce de même dans le corps de certains mots où elle n'est précédée que d'un *i*. *Fille, bille, quille, briller*; excepté *Gilles, ville, mille*, et tous les mots commençant par *ill*.

On double le *l*:

1º A la fin des subst. ou des adj., terminés par le son *elle*, excepté dans *clientèle, érésipèle, fidèle, grêle, modèle, parallèle, poêle, zèle*;

2º Dans les verbes en *eler*, toutes les fois qu'après la consonne *l* se trouve un *e* muet, excepté dans les verbes *bourreler, celer, déceler, dégeler, geler, harceler, marteler, modeler* et *peler*.

Il faut remarquer que les verbes en *eller* conservent toujours les deux *ll* et que les verbes en *eler* ne redoublent jamais le *l*;

3º Dans les mots suivants commençant par *al*, mais dans lesquels la prononciation ne fait entendre qu'un seul *l*; *allée, Allemagne, aller, alliacé, allier, alliance, Allier, allonger, allumer*, et leurs dérivés.

On redouble *l* dans *balle, dalle, galle* (noix de), *halle, intervalle, malle, salle, stalle* et dans un grand nombre de verbes en *aller*; mais on écrit *gale* (maladie), *un mâle, le hâle, sale* (malpropre), *avaler, ravaler*, etc.;

4º Dans les mots commençant par *il*, excepté: *île, Iliade, Ilissus, îlot, îlote, îlotisme, Iléon, Ilion, iliaque*.

Dans *Ille, Ille-et-Vilaine*, on ne prononce qu'un *l*.

5° Dans la plupart des mots commençant par *col*, excepté : *colère, colibri, colifichet, colique, colis, colombe, colonie, colonne, colonel, colorer, coloquinte, colosse* et leurs dérivés.

L'Acad. a supprimé un *l* dans *cannelier, ficelier, vermicelier*.

La, là, las, lacs (piège). (Homon.)

Lac, lack, laque. (Homon.)

53. — **Laisser,** v. a. Devant un inf., le part. passé de ce verbe suit la règle de tous les autres part. *Les fleurs que vous avez laissées naître. Les maux qu'il a laissé faire.*

Laissez-passer, invar. au plur.

Lait, lait, laie, legs, lé, les, l'ai, lez (près de), lai. (Homon.)

Laité, Léthé. (Homon.)

Lard, lares. (Homon.)

Lest, leste. (Homon.)

Leur, leurre (je, il), leurre. (Homon.)

54. — **Leur,** adj. poss. des deux genres ; au plur. *leurs* signifie *d'eux, d'elles, à eux, à elles. Leur* doit prendre la marque du plur. si le sens exige l'article au pluriel. *Elles garnissaient de fleurs leurs chapeaux de jonc* (les chapeaux d'elles); dans le cas contraire, *leur* se met au sing. *Les brebis perdent leur toison* (la toison d'elles). Pour la même raison on écrira : *ils nous montrèrent leur maison* ou *leurs maisons*, selon qu'il s'agit d'une seule maison ou de plusieurs.

L'adj. *leur* est nécessairement du sing. devant les subst. qui n'ont pas de pluriel : *bonté, santé, bravoure, conduite.*

Libre-échangiste, au pl. *libre-échangistes*.

Lice, lis, lisse. (Homon.)

Lichen, s. m., végétal, se prononce *likène*.

Lie, lis, lit, l'y. (Homon.)

Lieu, lieue. (Homon.)

Lion, lions (nous), Lyon. (Homon.)

Lire, lyre. (Homon.)

Lissée, lycée. (Homon.)

Livre, s. m., volume. — **Livre**, s. f., poids. — **Livre** sterling, au pl. des *livres sterling*.

Loch, loock et lok, loque. (Homon.)

Longue-vue, au pl. *longues-vues*.

Loquace, loquacité se pron. : *locouace, locouacité*.

Lors, lord, Laure, l'or. (Homon.)

Lorsque, conj., s'élide devant *il, elle, on, un, une. Lorsqu'on, lorsqu'une*, etc.

Losange, s. f. T. de géom. On écrit plus rarement : *lozange*. L'Académie fait ce mot du fém. ; dans tous les traités de géom., on dit cependant : *un losange*.

Loup-garou, au pl. *loups-garous*.

Lut, lut (il), luth, lutte. (Homon.)

M

M., s. m., lorsqu'on l'appelle *me*, et fém., lorsqu'on l'appelle *emme*. Inv. au plur. Ne rend qu'un son nasal à la fin des mots. *Nom, parfum, faim*. Garde sa prononciation naturelle à la fin de la plupart des mots d'origine étrangère. *Sem, Cham, Amsterdam, item*, excepté *Adam*. Se prononce comme *n* devant *b, p* ou *t* et aussi devant *m*, précédé du son *en. Emmener, combler, comparer, empire, emblème, emmailloter, comte*, etc.

Lorsque *m* est redoublé, on n'en prononce ordinairement qu'un. *Commode, commissaire, commencer*, excepté dans *Ammon, Emmanuel* et les mots commençant par *imm.* : *immense, immanquable*. Dans *grammaire, grammairien*, on ne prononce qu'un *m*, mais dans *grammaticale, grammatiste* on fait sentir les deux.

Dans les mots où *m* est suivie de *n*, on prononce cette lettre pleinement : *Memnon, somnifère*, excepté dans *damner, automne* et leurs dérivés où elle est muette.

Maie, mai, mais, mes, mets, m'est. (Homon.)

Main, maint, Mein (le). (Homon.)

Main courante, sans trait d'union ; au pl. *mains courantes*. — **Main-d'œuvre**, **main-ferme**, avec traits d'union ; au pl. *mains-d'œuvre*, *mains-fermes*.

Mainlevée, en un seul mot.

Maint, mainte, adj. On écrit indifféremment : *mainte fois* et *maintes fois*, *à mainte reprise* ou *à maintes reprises*. Souvent ce mot se répète : *maints et maints travaux*, *mainte et mainte difficulté*.

55. — **Mais encore.** Lorsque les sujets sont liés par *mais encore*, c'est avec le dernier sujet que l'accord du verbe a lieu.

56. Majuscule. Doit être majusc. la lettre qui commence un nom propre d'hommes, de divinités, de contrées, de pays, de villes, de villages, de mers, de rivières, de montagnes, de planètes, de constellations, de peuples. *Pierre, Lucie, Saturne, Rubens, l'Afrique, la Suisse, le Languedoc, l'Adriatique, la Loire, Jupiter, le Centaure, Cassiopée, les Italiens, les Romains, les Lyonnais, les Juifs*, etc.

On écrit avec une seule maj. : *la Fontaine, la Bruyère, le grand Océan, la mer Adriatique, les champs Élysées, le mont Cenis*, et avec deux majusc. : *Océan Atlantique, Mont-Blanc, Pays-Bas, Port-Royal, Haute-Saône*, etc.

La *terre*, le *soleil* considérés comme planètes ne prennent pas de majuscules. (Acad.)

Les noms de sectes religieuses ou philosophiques s'écrivent sans maj. *Les chrétiens, les mahométans, les juifs, les protestants, les stoïciens, les épicuriens*, etc.

Les noms de peuples employés adj. ne prennent pas de maj. *Le génie français, l'industrie britannique, un poignard japonais.*

Il faut une maj. dans les noms qui désignent Dieu : *le Créateur, l'Être des êtres, le Tout-Puissant, le Très-Haut*. Mais **on** écrit : *les dieux de la mythologie. Le dieu du feu.*

On écrit enfin par une maj. les titres d'ouvrages : *l'Énéide, le Lutrin, la Cyropédie, les Épîtres de Cicéron, le Figaro*; les noms d'ordres de chevalerie : *Chevalier de l'ordre de la Toison d'Or, de la Légion d'honneur, officier d'Académie, commandeur de l'Osmanié. Et aussi le Grand Mogol, le Grand Turc.*

L'Acad. écrit sans maj. : *les cordeliers, les états généraux, les frè-res* (ordres religieux), *l'index, les jansénistes, l'ancien et le nouveau monde, le pape, le prince des apôtres, la réforme, là république fran-çaise, le saint sacrement, le sacré cœur, le saint sépulcre, le saint siège, le saint empire, les templiers, la terre sainte.* On écrit : *un vieux sèvres* (objet d'art de la manufacture nationale de Sèvres); avec maj. les noms de prières, *Ave, Confiteor, Credo, Magnificat, Te Deum, Salve, Alleluia, Pater* ; avec des minuscules : *requiem, stabat, ho-sanna, libera, meâ-culpâ, miséréré, bénédicité, oratorio.*

Maître, mestre (de camp), mètre, mettre. (Homon.)

Mal, mâle, malle. (Homon.)

Malappris, en un seul mot.

Malle-poste, au pl. *malles-postes.*

Manche, s. m., poignée. — **Manche,** s. f., partie du vête-ment.

Mange-tout, au pl. *mange-tout.*

Mangeure, s. f., endroit mangé d'une étoffe, d'un pain. On pron. *manjüre.*

Maniement, s. m. On pron. mais on n'écrit pas *maniment.*

Manœuvre, s. m., ouvrier. — **Manœuvre,** s. f., terme d'art militaire.

Marc, s. m., poids ou résidu de fruits. On ne pron. pas le *c* final. Mais on le fait sentir dans *Marc* nom propre.

Marc, mare. (Homon.)

Marteler, v. a., ne double point le *l* devant un *e* muet. *Il mar-tèle.*

Martin-pêcheur, martin-sec. Au pl. *martins-pêcheurs, mar-tins-secs.*

57. Martyr, s. m., celui qui a souffert la mort pour une doctrine quelconque. — **Martyre,** s. f., la mort ou les souffrances endurées par le *martyr* ; peines de corps, d'esprit, de cœur. *Les mar-tyrs de la liberté. Ce petit mal m'a fait souffrir le martyre.*

Maudire. (Voir *Dire.*)

Maux, Meaux, mot. (Homon.)

Médire. (Voir *Dire*.)

58. — **Même**, adj., s'accorde avec le subst. auquel il se rapporte. Il est alors placé devant ou après ce subst. *Les mêmes choses, les choses mêmes*. Placé avant ou après un *adjectif*, *même* est adverbe. *Les végétaux les plus vulgaires même. Les végétaux même les plus vulgaires.*

Après plusieurs subst., *même* est adv., c.-à-d. invar. *Les hypothèses, les fables même. Les animaux, les plantes même*. Excepté lorsque *même* arrive après plusieurs subst. dont le dernier est joint à celui qui le précède par la conj. *et*, parce qu'alors *même* signifie *lui-même, elle-même. Les ivrognes, les fripons et les escrocs mêmes.*

Même, mis à la suite d'un verbe, est adverbe. *Ils finiront même par les mépriser.*

Avec *vous*, *nous* désignant une seule personne, on écrit *même* au sing. *Vous-même, nous-même.*

Après un seul subst., *même* est adv. s'il exprime une idée d'extension qui peut se rendre par *de plus, aussi, encore, jusqu'à. Les divertissements même de Pierre le Grand furent consacrés au bonheur de ses sujets. Les bons rameurs même ont des récompenses sûres et proportionnées à leurs services. Ceux même qu'il servit ne le défendirent pas.*

59. — **De même que**. Lorsque deux sujets sont joints par *de même que*, le verbe s'accorde avec le premier sujet seulement. *L'esprit, de même que le corps, a besoin de soins.* (Voir *Ainsi que, comme*.)

Mémoire, s. m., compte, rapport. — **Mémoire**, s. f., faculté de se souvenir.

Mer, mère, maire. (Homon.)

Mercantile, adj., qui concerne le commerce. *Profession mercantile.* — **Mercantille**, s. f. (*ll* mouillés), négoce de peu de valeur.

Merci, s. m., remerciement. — **Merci**, s. f., pitié, pardon.

Messeoir, v. n., ne s'emploie qu'aux personnes suivantes : *il messied, ils messiéent; il messéyait, ils messéyaient ; il messiéra, ils messiéront ; il messiérait, ils messiéraient.*

Mestre de camp, au pl., *mestres de camp*. On prononce : *maître de camp*.

Mezzo-termine, mezzo-tinto, invar. au plur.

Mi, mit (il), mis, mic. (Homon.)

Mi-carême, au pl. *mi-carêmes.*

Midi, s. m., *après-midi,* s. f., sont invar. au plur. Il en est de même de *minuit,* s. m.. et *après-minuit,* s. f.

60. — **Mille,** adj., ne prend pas la marque du plur. *Trois mille francs.* Dans la date des années, on écrit ordinairement *mil, l'an mil huit cent* (ère chrétienne), et *mille,* pour les dates antérieures à la naissance du Christ. — Synonyme de beaucoup, *mille* est invariable. *Mille riens.*

Mille, signifiant mesure itinéraire, est subst. et prend le signe du pluriel. *Une distance de trois milles.*

Minutie, s. f. On dit : *minucie.*

Mode, s. m., terme de grammaire, de musique. — **Mode, s. f.,** usage.

Modeler, v. a., ne double pas le *l* devant l'*e* muet. *Il modèle avec goût.*

More, mort, mors, mord, St-Maur. (Homon.)

More, et non plus *Maure.* (Acad.)

Mors, s. m. On ne pron. pas le *s,* excepté devant une voyelle. *Mors aux dents.*

Mort-ivre fait *morts-ivres* au pl.

Mort-né fait *mort-nés.* — **Ivre mort** ne prend plus de trait d'union au pl. *ivres morts.*

Mou, moue, moud, moût. (Homon.)

Moule, s. m., matrice. — **Moule, s. f.,** coquillage.

Mousse, s. m., jeune matelot. — **Mousse,** s. f., herbe, écume,

Mouvoir fait *mû* au part. passé. — Promouvoir fait *promu* sans accent.

Mufle, s. m., extrémité du museau de certains animaux, ne prend qu'un *f, buffle* en prend deux.

Muid, s. m., mesure ancienne, se pron. *mui.*

Mur, mûr, mure (je, il), mûre. (Homon.)

N

N, s. m., lorsqu'on l'appelle *ne*, et fém., lorsqu'on l'appelle *enne*, inv. au pluriel. Conserve le son qui lui est propre au commencement et à la fin des mots, excepté *enivrer*, *enorgueillir* et leurs dérivés qui se prononcent comme s'il y avait deux *n*, *an-nivrer*, *an-norgueillir*. Se fait sentir fortement à la fin de *abdomen*, *Éden*, *hymen*, *amen*, *Tarn*.

Quand *n* est redoublé, le premier ne prend pas le son nasal. *An-neau*, *année*, *innombrable*, *innocence*, excepté *ennobli*, *ennui* et leurs dérivés. Dans *annales*, *annexe*, *inné*, *innové*, *innominé*, les deux *n* se font sentir.

N se redouble : 1° dans les mots commençant par le son *conn* excepté *cône*, *conoïde*, *conifère*, *conique*; 2° dans les terminaisons en *onner*, excepté *détrôner*.

Les dérivés des mots terminés en *on* doublent généralement la lettre *n*. Mais il y a de nombreuses exceptions telles que *démon*, *limon*, *nation*, *septentrion*. (Voir, en outre, *Don*, *colon*, *ton*, *son*, *bon*, *patron*.)

N n'est suivi de la lettre *p* ou *b* que dans les mots *bonbon*, *bon-bonnière*, *bonbonne*, *embonpoint*.

Naguère, adv., ou *naguères*.

Narbonne, s. pl. On écrit *la Gaule narbonaise* par un seul *n*.

Ne, nœud. (Homon.)

Né, nez. (Homon.)

G. — **Né**, part. passé du v. *naître*. Dans les mots composés, *né*, *née*, sont séparés du mot qui les précède par un trait d'union. *Aveugle-né*, *des enfants mort-nés*. *Des filles nouveau-nées. Le premier-né, les premiers-nés.*

Bien né, mal né s'écrivent sans trait d'union.

Négligeant, part. prés, du verbe *négliger*. Ne pas le confondre avec *négligent*, adj.

Nenni, mot invar. signifiant *non.* On pron. *nanni.*

Néo-latin, au pl. *néo-latins.*

Nerf, s. m. On prononce le *f* au sing., excepté dans *nerf de bœuf,* où l'on ne doit faire entendre que le *f* de bœuf.

Net, employé adv., est invar. *La conversation a été coupée net.*

Nettoiement, s. m. On pron., mais on n'écrit pas *nettoiment.*

Newton, philosophe, *newtonien, newtonianisme,* se prononcent *Neuton, neutonien,* etc.

Ni, nid, nie. (Homon.)

62. Ni. Si deux sujets sont unis par *ni,* le verbe s'accorde avec le dernier lorsqu'il y a nécessairement exclusion de l'un d'eux. *Si les dossiers de ces deux agents étaient soumis à un sérieux examen, ni le premier ni le second ne* **serait** *nommé à l'emploi desponible.* (Il n'y a qu'un agent à nommer, un seul des deux candidats pouvait être nommé.) Mais s'il n'y a pas exclusion nécessaire de l'un, on met le verbe au pluriel.

Ni l'un ni l'autre demande le verbe au sing. *Ni l'un ni l'autre n'a fait son devoir.*

Nombre de est un collectif partitif et veut le verbe au plur. *Nombre de personnes voudront voir.*

Nombre de (un)... suivi d'un nombre, veut le verbe au singulier. *Un nombre de 50 hommes fut ajouté.* Mais on écrira : *un nombre considérable de morts jonchaient la plaine* (coll. part.).

Nombre (le plus grand), bien que synonyme de *la plupart* (v. ce mot), veut le verbe au sing. dans tous les cas.

Nombril, s. m., se pron. *nombri.*

63. — Noms étrangers (pluriel des). — On écrit au pluriel d'après l'Académie :

Agendas, albums, alibis, allégros, alléluias, altos, andantes, apartés, aquariums, avisos ;

Bénédicités, bills, bonis, bravos; bravo (assassin à gages) fait *bravi* ;

Carbonari, concertos, condottieri, contraltos ;

Dilettanti, dioramas, dominos, duos ;

Factotums, factums, folios ;

Géoramas;
Hourras;
Imbroglios;
Ladies, lazaroni:
Macaronis, meetings, muséums, musicos;
Opéras, oratorios;
Panoramas, pensums, pronunciamentos;
Quidams, quiproquos, quintettes, quolibets;
Récipissés, récipés, rectos, routs;
Soprani, spécimens, steeple-chases;
Tenors, tilburys, torys, trios;
Ultras;
Versos, visas, vivats, whigs;
Zéros, zigzags.
Sont invariables, d'après l'Académie :
Accessit, ana, aqua-tinta, Ave;
Cicerone, concetti, Confiteor, Credo;
Déficit, deleatur, desiderata, distinguo, duplicata;
Ecce-homo, errata, et cætera, exeat, exequatur, ex-voto;
Fac-simile, fantoccini;
Hosanna;
Impromptu (on met en général un *s.* — Acad.), *in-folio* et sembl.
item;
Lazzi, libera;
Meâ-culpâ, Magnificat, mémento, mezzo-termine, mezzo-tinto,
miséréré;
Nota, nota-bene;
Olim, olla-podrida;
Palma-christi, Pater, post-scriptum, prima donna;
Quatuor;
Requiem;
Salve, solo, stabat;
Te Deum;
Vade-mecum, veniat, veni-mecum, vice versa.
Remarquer parmi ces noms ceux qui prennent des accents.

64. — **Noms propres** (pluriel des). Quand le nom propre désigne la personne même qui est connue comme portant ou ayant porté ce nom, il ne prend pas la marque du pluriel. *C'est alors que* *vivaient les Molière, les Boileau, les Racine, les deux Sénèque.* On écrit cependant : *les Bourbons, les Césars, les Stuarts, les Camilles, les Scipions, les Henris, les deux Gracques, les Horaces, les Curiaces, les Antonins, les Capets, les Condés, les Guises, les Pharaons, les Macchabées,* etc.

Si le nom propre est employé comme nom commun pour désigner, non les personnes qui ont porté ce nom propre, mais des personnes qui leur sont semblables par leurs talents, leurs qualités, il prend le signe du pluriel. *Les Corneilles et les Racines sont rares.*

Les *noms propres composés* accompagnés de *en, de, le* ne prennent pas de trait d'union. *Charles le Bel, Robert le Fort, Saint-Germain en Laye,* etc. ; mais on écrit : *Puy-de-Dôme, Bouches-du-Rhône, Maine-et-Loire, Sambre-et-Meuse,* etc.

65. — En général, les *noms de villes* sont du masculin, quelle que soit la terminaison ; mais les noms de villes qui dérivent d'un féminin latin, et dont les historiens ont consacré le genre, sont du féminin : *Athènes — Rome — Carthage — Jérusalem — Sparte — Lutèce — Venise — Pompéi — Grenade,* etc.

Non. On écrit sans trait d'union : *non activité, non solvable, non recevable, non occupé, non seulement, non plus.*

Les autres composés de *non* s'écrivent par un trait d'union ; le second mot seulement prend la marque du pl. *Non-payements, non-valeurs,* etc.

None, nones, nonne. (Homon.)

Non moins que. (V. *Sujet.*)

Non seulement. (V. *Sujet.*)

Nul suit la règle d'*aucun.* (V. ce mot.)

66. — **Nu,** adj., est invar. lorsqu'il précède le subst. *Nu-tête, nu-jambes.* On écrit toutefois : *la nue propriété, les nus propriétaires* sans trait d'union.

Nuire, v. n. Son part. est toujours invar. *Elles se sont nui.*

Nuit, nui, Nuits. (Homon.)

O

O, subs. m., invar. au pl. *Trois o. Des o larges.* Notre prononciation distingue entre un *o* bref et un *o* long. On prononce différemment *un hôte* et *une hotte*; *une côte* et *une cotte*.

Le son *o* est souvent représenté par *au* et par *eau. Aune, cause, faune*, etc., et *cerveau, cadeau, fuseau, veau*, etc.

La lettre o est muette dans : *paon, faon, Laon* et leurs dérivés, *paonne, paonneau, faonner*, dans *œuf, bœuf, chœur, cœur, œuvre, mœurs, sœur*; dans *œil, œillet, œillère, œilleton, œillette, œillade*, où l'on prononce œ comme *eu*, et dans *œdème, Œdipe, œnologie, œsophage, œstre* dans lesquels œ prend le son de *è*.

Obélisque est du masculin.

Occident, oxydant. (Homon.)

67. — **Œuvre**, s. f. *Une œuvre imparfaite, une œuvre terminée.* Dans le sens de quelque chose de grand, d'important, d'élevé, il est quelquefois du masculin au sing. *Un saint œuvre, un œuvre de génie.*

Il est toujours du masculin quand il désigne le recueil de tous les travaux d'un musicien, d'un graveur. *Avoir tout l'œuvre de Callot. Le second œuvre de Mozart.*

Office, accessoire de salle à manger, est du féminin. *Une office bien éclairée.* Mais lorsque ce mot est pris pour désigner la classe des domestiques attachés au service de la table, il est du masculin. *L'office de cette maison est nombreux et bien élevé.* — **Office**, cérémonie d'église, est du masc.

Offrir, v. a. Le part. passé *offert* s'accorde ou non avec le pronom *me, te, se, nous, vous*, qui le précède, suivant que le sens indique que ce pronom est compl. dir. ou compl. indir. *Ils se sont offerts à me servir* (ils ont offert *eux*). *Ils se sont offert des raffraichissements* (ils ont offert *à eux*).

Oignon, s. m., ou *ognon*. La première forme est plus usitée.

Oing, oint, Saint-Ouen. (Homon.)

68. — **On.** Il faut prendre garde de se laisser tromper par la prononciation et d'omettre la négation *ne* après *on* lorsque cette négation s'élide avec la voyelle du mot suivant. *On n'est pas toujours jeune. On est toujours trop disposé à croire le mal. On est* se prononce o-*n'est*, tandis que *on n'est* se prononcent séparément.

L'omission de la négative donne nécessairement un autre sens à la phrase. *Si l'on en parle bien* et *si l'on n'en parle bien* ont une signification toute différente. Cette remarque sur l'emploi de la négative après *on* est donc très importante.

Qu'en dira-t-on? on dit se prennent quelquefois substantivement. Ces locutions s'écrivent au pluriel comme au sing. *Des qu'en dira-t-on*, qu'il faut bien se garder d'écrire, *quand dira-t-on. Des on dit.* Dans cette dernière locution, le *s* de *des* ne se fait point sentir.

Onglé, onglée, onglet. (Homon.)

Or, or, Aure, hors. (Homon.)

Orge, s. f. *De belle orge.* Est du masc., dans ces deux expressions. *Orge mondé, orge perlé.*

Orgue, s. m. au sing. et fém. au pluriel. *Un bel orgue, de belles orgues.*

Orgueil, s. m.. Éviter d'écrire *orgeuil* par inadvertance.

69. Ou, conj. Lorsque dans un sujet composé, les parties sont unies par *ou*, le verbe s'accorde avec la dernière partie si le sens de la phrase indique qu'il y a exclusion nécessaire de l'une des deux parties. *Le maire ou l'adjoint présidera demain.* S'il n'y a pas exclusion, si la manière d'être peut s'affirmer des deux parties, il faut mettre le verbe au pluriel. *Le temps ou la mort sont nos remèdes. La peur ou la misère lui a fait commettre cette faute. La peur ou la misère font commettre bien des fautes.*

La règle est la même pour les adj. et les part. *Il déjeune de lait ou de pain tendre. Donnez-lui des noix ou une pomme cuite (tendre qualifie pain, cuite qualifie pomme). Ces tribus se nourrissent de chair ou de poisson crus.* (La chair et le poisson sont *crus.*)

Le sens d'une phrase peut être bien différent, selon que l'on fait accorder l'adj. avec les deux noms ou seulement avec le dernier.

On demande un homme ou une femme âgés. En demande un homme ou une femme âgée.

Ou, où, houe, houx, août. (Homon.)

Oui, ouïe, ouï. (Homon.)

Ouï-dire, s. m., invar. *Des ouï-dire. Ouï vient du verbe ouïr*, entendre. Ne pas négliger de marquer le tréma sur l'*i*.

Ouïr, v. n. irrég. *J'ois, tu ois, il oit, nous oyons, vous oyez, ils oient; j'oyais, nous oyions; j'ouïs, nous ouïmes; j'oirai, nous oirons; j'oirais, nous oirions; oyons, oyez; que j'oie ou que j'oye, que nous oyions; que j'ouïsse, que nous ouïssions; oyant, ouï, ouïe.*

Outremer, en un seul mot, désigne une couleur bleue. En deux mots, outre-mer signifie *par delà la mer. Des aventures d'outre-mer. Des tapis bleu outremer..*

Outre mesure, sans trait d'union. (Acad.)

Outrepasse en un seul mot, de même que *outrepasser*.

P

P., subs. m., invariable au pluriel. *Des p trop longs.* Devant un *h*, cette lettre se prononce comme *f. Phare, phrase, phalange.* On la fait sentir dans *ineptie, inepte, adoption, captieux, rédempteur, rédemption, accepter, excepter* et leurs dérivés; dans *exemption*, bien qu'on ne la prononce pas dans *exempt, exempter*; dans *septembre, septennat* et tous les dérivés de *sept*, quoiqu'on ne la prononce pas dans ce dernier mot.

Le *p* final se prononce dans : *Alep, Gap, Julep, cap* et dans *coup, beaucoup, trop,* mais seulement lorsque ces trois mots se trouvent devant un autre commençant par une voyelle. Il est muet dans *Baptiste, compte* et leurs dérivés, dans *dompter, prompt, loup, corps, sept, temps, camp, champ, drap, sirop.*

L'Acad. a supprimé un *p* dans *éclopé, écloper*.

Page, s. m., gentilhomme. — **Page**, s. f., côté d'un feuillet.

Paiement (V. *Payement.*)

Paît, paix, paye. (Homon.)

Pain, peint, pin. (Homon.)

Pair, paire, père, perd, pers. (Homon.)

Pâle, pal, pale. (Homon.)

Pan, paon, pend (Homon.)

Panneau, paonneau. (Homon.)

Papilionacé, adj., terme de botanique. On écrit aussi *papillonacé*.

Paquebot-poste, au pl. des *paquebots-poste*.

Pâques, s. m., fêtes des chrétiens, s'écrit par un *s* final. *Quand Pâques sera venu*. On écrit *Pâques fleuries* pour désigner le jour des Rameaux. Fête des Juifs, *pâque* est du féminin et ne prend pas de *s* à la fin.

Par, prép. Dans les loc. suivantes, n'est jamais uni par le trait d'union au mot qui le suit. *Par ici, par après, par trop, par conséquent.* Il en est de même dans *par là*, signifiant par ce moyen. *C'est par là que nous y arriverons*, ou tel endroit que l'on désigne. *Passez par là.*

Par-ci, par-là, signifiant de côté et d'autre, prennent le trait d'union.

Par, parc, part, pars. (Homon.)

70. — **Parce que**, conj. Ne pas confondre *par ce que* en trois mots avec *parce que* en deux mots. Dans *par ce que, par* est un prép., *ce* un pron. démonst. qui en est le régime, et *que* un pron. relat. dont l'antécédent est *ce*; *par ce que* signifie alors *par la chose que*.

Parce que, en deux mots, est une loc. conj. qui équivaut à *d'autant que, à cause que.*.

Parafe, patarafe s'écrivent par un seul *f*.

Paresse, paraisse. (Homon.)

71. — **Parler (se)**, v. accid. pron. Son part. passé suit la règle d'accord du participe. *Ces personnes se sont parlé. Ces deux langues se sont longtemps parlées.*

Paroi est du fém.

Parquer, parquet. (Homon.)

Partial, adj. On prononce *parcial*.

72. Participe passé. — Le participe passé conjugé avec *avoir* s'accorde avec son compl. direct, quand il en est précédé. S'il n'a pas de compl. dir., ou s'il en est suivi, il reste invariable. *Les renseignements que nous avons puisés dans l'histoire. Les Perses ont varié les dessins de leurs mosaïques. Ces domestiques ont bien servi.*

Le participe passé suivi *d'un adjectif* ou *d'un autre participe passé* suit la même règle. *Ils les ont rendus heureux.*

73. — Participe passé avec *en.* (V. *En.*)

74. — Le participe passé d'un verbe neutre ou employé comme tel reste invariable. *Les oiseaux ont niché. Ces fautes vous ont servi à vous connaître.*

75. — Le participe passé entre deux *que* est tantôt invariable, tantôt variable.

Il est invariable lorsqu'il a pour complément direct la proposition subordonnée qui le suit immédiatement : *les secours qu'elle avait tant désiré qu'on lui donnât.*

Il est variable si le complément direct le précède.

76. — Le participe passé *suivi d'un infinitif* est tantôt variable, tantôt invariable. Voici deux petits moyens mécaniques à peu près infaillibles pour triompher des difficultés de ce genre d'accord.

Premier moyen. Le participe passé suivi d'un infinitif est variable quand l'infinitif peut se tourner en participe présent. Il est invariable si le sens ne permet pas cette transformation.

Deuxième moyen. Le participe passé varie quand, en faisant la question *qu'est-ce qui est* ou *qui est-ce qui est* avec le participe, et la question *qu'est-ce qui* ou *qui est-ce qui* avec l'infinitif, le même mot répond aux deux questions.

77. — Le participe *fait* suivi d'un infinitif est toujours invar. *Elle s'est fait aimer.*

78. — Les participes passés *dù, pu, voulu, désiré, su, permis,* et sans doute quelques autres encore, ont souvent pour complément direct un infinitif sous-entendu ; dans ce cas ils sont toujours invariables.

79. — Les verbes *vivre, durer, dormir, régner,* qui sont intransitifs de leur nature, paraissent quelquefois être employés comme transitifs, mais le participe passé n'en reste pas moins invariable.

80. — Les part. passés *excepté, supposé, ouï, passé, attendu, vu, y compris, non compris* sont inv. quand ils précèdent le nom. Il en est de même de *collationné* et *approuvé.* Mais tous ces part. varient lorsqu'ils sont placés après le nom.

81. — Le participe passé précédé de *le* signifiant *cela* reste invariable. *Sa vertu était aussi pure qu'on l'avait cru jusqu'alors.*

82. Le participe passé précédé *de plusieurs substantifs* qui semblent également pouvoir commander l'accord s'accorde avec celui qui est le plus en rapport d'idée avec lui. *Quel déluge de maux n'avait pas répandu sur la terre? La longue suite d'années qu'il a passées dans cette île.* Si les subst. sont synonymes ou par gradation, s'ils sont unis par *ou, ni, comme, de même que, ainsi que, aussi bien que,* etc., l'accord se fait avec le dernier. *C'est la douceur, la bonté du roi qu'il a célébrée.*

83. — Le participe passé d'un *verbe impersonnel* ou *conjugué impersonnellement* reste invariable. *Les beaux jours qu'il a fait. La disette qu'il y a eu. Les ennuis qu'il en est résulté.*

84. — Le participe passé des v. *essentiellement pronominaux* s'accorde toujours avec le pronom qui le précède. *Ils se sont empressés autour de moi. Elles se sont moquées de lui.* Il faut excepter *s'arroger* (v. ce mot), *s'entre-donner, s'entre-nuire, s'entre-répondre.*

85. — Le participe passé d'un verbe *accidentellement pronominal* est tantôt variable, tantôt invariable, selon que le pronom compl. est complément direct ou indirect. *Elles se sont flattées. Ils se sont servi les meilleurs morceaux. Ils se sont servis de leur crédit.* (Voir *S'imaginer* et *se persuader*). — Le part. passé des v. suivants s'accorde toujours : *s'aviser, s'accorder, s'apercevoir, s'attaquer, s'attendre, se défier, se dédire, se douter, s'échapper, s'étudier, se flatter, se jouer, se plaindre, se prévaloir, se rallier, se refuser, se servir, se saisir, se taire, se trouver.*

86. — Le participe passé d'un verbe *accidentellement pronominal* formé d'un verbe neutre ou intransitif est toujours invariable. Tels sont : *se plaire, se déplaire, se complaire, se convenir, se parler, se rire, se ressembler, se succéder, se suffire, se nuire.*

87. — **Participe présent.** — Le participe présent tient de la nature du verbe et de celle de l'adjectif.

Il tient de la nature du verbe quand il marque *l'action*. Alors il est toujours invariable. *Des enfants aimant tendrement leur mère, la caressant à l'envi, lui obéissant avec empressement et prévenant ses moindres désirs.*

Il tient de la nature de l'adjectif quand il marque *l'état*. Il est alors adjectif verbal et s'accorde en genre et en nombre avec le nom dont il exprime la manière d'être. *Le ciel lui a donné des enfants aimants, caressants, obéissants et prévenants.*

Toute la difficulté consiste à savoir reconnaître s'il y a état ou action.

Il y a action :

1° Lorsqu'on peut remplacer la forme verbale en *ant* par un autre temps du verbe précédé du pronom conjonctif *qui* ou de l'une des conjonctions , *comme, lorsque, parce que, puisque* :

2° Lorsque cette forme verbale a un complément direct ;

3° Lorsqu'elle est précédée ou peut être précédée de la préposition *en* ;

4° Lorsqu'elle est accompagnée de *ne*, qui ne saurait modifier qu'un verbe, ou suivie d'un adverbe.

Il y a état :

1° Lorsqu'on peut remplacer la forme verbale en *ant* par un adjectif qualificatif ;

2° Lorsque cette forme est construite avec *être* ;

3° Lorsqu'elle peut être construite avec un des temps du verbe *être*, précédé du pronom conjonctif *qui. Le ciel lui a donné des enfants caressants* (qui sont caressants) ;

4° Lorsqu'elle est précédée d'un adv. *Nous étions témoins de ce spectacle, tout palpitants d'effroi.*

L'Acad. permet de faire varier, les part. prés. suivants : *appartenant, approchant, dépendant, descendant, existant, participant, prétendant, résidant, ressemblant, résultant, séant, subsistant, pendant.*

Pas plus que. (V. *Sujet.*)

Passe. Tous les composés de *passe* en deux mots sont unis par un trait d'union. Au pl. *passe* reste invariable.

Passe-carreau, passe-debout, passe-méteil, passe-partout, passe-pierre, passe-passe ne varient pas au pluriel.

Passepoil, passeport en un seul mot.

Passer, v. n. Son part. passé s'emploie comme prép. dans le sens d'après ; il est alors invar. *Passé dix heures.*

Pâte, patte. (Homon.)

88. — **Patron** fait *patronne, patronnesse, patronner*, par deux *n*, et *patronage, patronal, patronat*, par un seul *n*.

Patte-d'oie, au pl. *pattes-d'oie.* — **Patte-pelu,** au plur. *patte-pelus.*

Payement, s. m. L'Acad. autorise aussi *paiement* et *paiment* ; mais dans ses exemples, elle ne se sert que de *payement*.

Payer, v. a., se conj. aussi, *je paie, tu paies, il paie, ils paient ; je paierai,* etc. Les autres verbes en *ayer* conservent la forme, je *paye, tu payes,* etc.

Peau, pot, Pô, Pau. (Homon.)

Peine, s. f. On écrit *à grand'peine.* — **Pêne,** penne. (Homon.)

Pêle-mêle ne varie pas au plur.

Pendule, s. m., poids oscillant. — **Pendule, s. f.,** horloge.

Perce. Tous les composés de ce mot s'écrivent par un trait d'union et ne varient pas au pluriel. Des *perce-feuille, perce-oreille, perce-neige, perce-pierre*.

Perche, s. m., province. — **Perche, s. f.,** poisson, longue barre.

Père, s. m. Pour désigner le pape, on écrit *saint-père,* avec tiret et sans majuscules ; mais en écrivant au pape on écrit : *Très Saint Père.* Enfin, en parlant des docteurs antérieurs au treizième siècle, et dont l'Église a adopté les doctrines, on écrit : *les Pères,* au plur. avec *P* majuscule.

Période, s. m., le plus haut point où une chose puisse arriver. — **Période, s. f.,** espace de temps, phrase.

Péripétie, s. f. On prononce *péripécie.*

Perce, Perse. — **Perçant, Persan.** (Homon.)

Persiflage, persifler, persifleur s'écrivent par un seul *f*. Il est utile de rapprocher ces mots de *siffler* et de ses dérivés.

Personne. Le mot est subs. masc. lorsqu'il signifie *nul*. *Personne n'est venu*, et lorsqu'il est employé dans le sens de *quelqu'un*. *Connaissez-vous personne de plus effronté.*

89. — **Persuader (se)**, signifiant *persuader soi* ou *persuader à soi*, le participe s'accorde ou non avec *se* selon que l'on considère ce pronom comme compl. dir. ou comme compl. ind. Étant donnée la double signification de ce verbe, et la difficulté d'apprécier les cas où l'on doit admettre l'accord ou le rejeter, l'usage a établi qu'il faut faire accorder le participe lorsqu'il est suivi d'une proposition commençant par *que. Ils se sont persuadés que personne n'oserait les contredire.* Mais si *persuadé* est accompagné d'un compl. direct, le pronom *se*, ou *me, te, nous, vous* est alors compl. ind. *Ils se sont persuadé tout ce qu'ils ont voulu.*

Pesant, employé comme adv., est invar. *Deux cents kilogrammes pesant.*

Pèse-lait, pèse-liqueur, au pl. *pèse-lait, pèse-liqueurs.*

90. — **Peser.** Les grammairiens diffèrent d'opinion sur l'accord du participe passé de ce verbe. L'Académie ne s'est pas prononcée. L'usage suivant prévaut jusqu'à présent. *Peser* (avoir du poids) est verbe neutre, et comme il se conjugue à ses temps composés avec l'auxiliaire *avoir*, son part. passé est invar. *Combien de grammes a pesé cet objet.* Mais *peser* (opérer l'action du passage, au propre comme au figuré) est verbe actif, et supporte l'accord. *Les colis que j'ai pesés. Les raisons que j'ai pesées.*

Pétiller et ses dérivés prennent ou non l'accent aigu sur le premier *e*. L'usage prévaut pour *pétiller*, avec l'accent.

Petit. On écrit sans trait d'union : *petit esprit, petite guerre*, au pl. *petits esprits, petites guerres.* Dans les autres composés, les deux mots prennent la marque du plur. *Petits-choux, petits-gris, petits-maîtres, petits-pieds, petites-maisons, petites-maîtresses, petites-oies.*

Peu, peux, peut. (Homon.)

91. — **Peu (le)**, signifiant la *petite quantité*, n'exerce aucune influence sur la forme du part. ; l'accord du part. se fait par syllepse avec le subst. placé après *le peu. Le peu de charité que nous aurons eue, nous sera comptée au centuple.* C'est la *charité* que nous aurons *eue* quoique *en petite quantité* qui nous sera *comptée.*

Mais si *le peu* signifie *le manque, la trop petite quantité, le peu* exprime l'idée dominante et commande l'accord du part. passé. *Le peu d'eau que vous avez bu a suffi pour vous désaltérer.*

Peut-être, adv. Ne pas le confondre avec **peut être** en deux mots. *Nous le verrons peut-être. Cet avis peut être plus perfide que vous ne le supposez.*

Pic, pique. (Homon.)

Pie, pis. (Homon.)

Pie-grièche, pie-mère, au pl. *pies-grièches, pies-mères.*

Pied. Les mots composés dans lesquels entre ce mot s'écrivent par des traits d'union. Excepté *pied de bœuf* (jeu d'enfant), *pied à pied,* de *pied ferme,* de *pied en cap, pied de roi, pied bot* et *pied plat* ; au pl., *pieds de bœuf, pieds de roi, pieds bots, pieds plats.*

Pieu, pieux. (Homon.)

Pince-nez et les autres composés de *pince* sont invar. au pl. *Des pince-nez, pince-maille, pince-sans-rire.*

Piqûre, s. f. Les mots en *ure* ne prennent pas d'accent circonflex. sauf *piqûre* pour cause de l'élision de l'*u* du radical.

92. — **Plain-pied,** loc. adv. qui signifie sans monter ni descendre. — **Plain-chant,** chant d'église, au pl., *plains-chants.* Se garder d'écrire *plein-pied, plein-chant.* On écrit également **plaine campagne** (rase campagne), **étoffe plaine.**

Plain, plein, plaint. (Homon.)

Plainte, plinthe. (Homon.)

Plaire, v. n. Son part. passé *plu* est toujours invar. *Ils se sont plu à décrier leur voisins.*

Plan, plant. (Homon.)

Plat-bord, plate-forme, au pl. *plats-bord, plates-formes.*

Plomb, s. m. On prononce *plon.* A *plomb,* loc. adv. signifiant perpendiculairement s'écrit en deux mots sans trait d'union; prise substant., elle s'écrit en un mot *aplomb. L'aplomb d'une colonne.* (V. *A compte.*)

Plu, plus, plût, plut. (Homon.)

93. — **Plupart (la).** Quand ce mot est suivi de la préposition *de* avec un substantif, il régit le verbe au sing. et au pluriel, si le subst. est au pl. *La plupart du monde pense. La plupart des hommes pensent.* Quand *la plupart* est sans régime, le verbe se met au pluriel. *La plupart croient.*

94. — **Plus d'un,** sujet de la phrase, veut le verbe au sing. *Plus d'un exprima sa pensée. Plus d'un auteur a dit.* Excepté si le verbe est réciproque, car cette espèce de verbe, exprimant l'action de deux ou plusieurs sujets, exige le pluriel. *A Paris, on voit plus d'un fripon qui se dupent l'un l'autre.*

95. — **Plus tôt,** opposé à *plus tard,* s'écrit en deux mots. *Sortez au plus tôt. Je suis arrivé plus tôt que lui.* — **Plutôt,** en un seul mot et sans s, marque la préférence. Ne pas le confondre avec *plus tôt. Plutôt mourir que de commettre une lâcheté. Plutôt que.* (V. *Sujet.*)

Plus-value, s. f., excédent de valeur, s'écrit par un trait d'union ; au pl. *des plus-values.*

Poêle, s. m., fourneau, drap mortuaire. — **Poêle,** s. f., ustensile de cuisine.

Poème, poète. L'Acad. écrit ces deux mots par un accent grave, et ses dérivés, *poésie, poétique, poétiser, poétereau,* par un accent aigu.

Poids, pois, poix, pouah! (Homon.)

Poliment, adv. Ne pas écrire *poliement* ni *polîment.*

Pont-levis, pont-neuf (chanson), au pl. *ponts-levis, ponts-neufs.*

Ponton, s. m., ses dérivés s'écrivent : *pontonage* par un *n* et *pontonnier* par deux.

Porc-épic, au pl. des *porcs-épics.*

Port, porc, pore. (Homon.)

Porte. Les composés de ce mot s'écrivent par un trait d'union. *Porte-clefs, porte-croix, porte-feu, porte-plume,* etc., excepté *porteballe, portechape, portechoux, portecollet, portecrayon, portefaix, portefeuille, portemanteau,* qui ne forment qu'un seul mot. Il est à remarquer que, sauf *porte-cochère* qui fait au pluriel *portes-cochères,* tous les composés du mot *porte* par un trait d'union s'écrivent au pluriel comme au singulier. *Sublime Porte* ne prend pas de trait d'union.

96. — **Possible** est invar. lorsqu'il est précédé des mots *plus,*
moins, le plus, le moins. Ils désintéressent le plus de créanciers possible.
Un conquérant extermine le plus d'hommes possible (qu'il leur est,
qu'il lui est possible). Mais il faudra écrire : *il choisissait les plus*
forts possibles (qui étaient possibles).

Poste, s. m., emploi, corps de soldats. — **Poste**, s. f., administration.

Pot de chambre, *pot à l'eau, pot au lait, pot pourri* s'écrivent
sans trait d'union. Il en faut dans *pot-au-feu, pot-de-vin.* Au pl.
pots de chambre, pots à l'eau, pots au lait, pots pourris, pots-au-feu,
pots-de-vin.

Pour. Les composés suivants, *pourboire, pourparler, pourchas-*
ser, pourfendre, pourpoint s'écrivent en un seul mot, sans trait
d'union. *Pour-cent*, taux de l'intérêt, prend le trait d'union.

Pourpre, s. m., maladie. — **Pourpre**, s. f., teinture, étoffe.

Pouvoir, v. n. Son participe passé *pu*, est toujours invariable.
Elle a fait toutes les démarches qu'elle a pu (sous-ent. faire).

Précédant, part. prés. du v. *précéder*. Ne pas le confondre avec
précédent, adj.

Prêcheurs. On écrit *les frères prêcheurs* sans trait d'union.

Prédire. (V. *Dire*.)

Premier-né, au pl. *premiers-nés*.

Près de. Ne pas le confondre avec *prêt à*. *Près de* est une prép.
signifiant *sur le point de ; prêt à*, un adj. signifiant *disposé à*. *Il est*
près de partir (sur le point de) ; *il est prêt à partir* (disposé à).

Présidant, part. prés. du v. *présider*. Ne pas le confondre avec
président, s. m.

Presque, adv. Ne s'élide que dans *presqu'île*.

Presse-papiers. S'écrit au pl. comme au sing.

Prête-nom, au pl. *prête-noms*.

97. — **Prévaloir** (se). Ne suit pas la règle du verbe *valoir*,
quant au part. passé. (V. part. passé des *v. accid. pronom.*)

Prie-Dieu, invar. au pluriel.

Prier, v. a. On écrit à l'imparfait de l'indicatif *nous priions, vous priiez*, et au présent du subj. : *que nous priions, que vous priiez.*

Primatie. On prononce *primacie*.

Prime abord (de), *de prime saut* s'écrivent sans trait d'union ; mais *prime-sautier* prend le trait d'union.

Proche est adj. ou prép. ; il s'accorde ou non suivant le **cas**. *Les maisons proches de la rivière* (adj.). *Les maisons qui sont proche de la rivière* (prép.).

Prophétie, s. f. On prononce *prophécie*.

Puer, v. n., n'est usité qu'aux temps ci-après. *Je pue, tu pues, il pue, nous puons, vous puez, ils puent ; je puais, nous puions ; je puerai, nous puerons ; je puerais, nous puerions.*

Puis, puits, le Puy. (Homon.)

Puîné, ée, adj. Ne pas omettre de bien marquer l'accent circonflexe sur l'*i*.

Puisque, conj. L'*e* s'élide devant *il, elle, on* et devant *un, une.*

Pyrique, adj., qui concerne le feu. *Jeux pyriques*. Ne pas confondre avec *pyrrhique*, mot usité seulement dans cette expression *la danse phyrrhique.*

Q

Q, s. m., inv. au pluriel. Ne s'écrit jamais sans être suivi d'un *u* excepté à la fin de mots tels que *cinq, coq*. Dans ce cas, il a le son dur, si ce n'est dans *coq d'Inde*, où on ne le fait pas sentir et toutes les fois où *cinq* est suivi d'un subs. commençant par une consonne. *Cinq chevaux, cinq tables.*

Cette lettre n'est jamais redoublée. *Qu* a trois sons particuliers : il a le son *cou* dans *aquatique, quadrige, équateur, quadruple, quaker* etc. ; le son *ku* dans *équestre, équilatéral, quintuple, questure, Quinte-Curce, Quintilien*, enfin le son *k* dans *quidam, quinconce, quatrain, quadrille, Sixte-Quint, Charles-Quint. Quadrature* (géométrie) se pron. *couadrature,* et *quadrature* (horlogerie) se dit *kadrature.* Dans *liqué-faction* on fait entendre l'*u* et dans *liquéfier* il est muet; on dit *likéfier.*

98. — **Quand,** adv. de temps. *Quand Dieu créa le monde. Je ne puis dire quand j'irais;* ou conj. *Quand je le voudrais, je ne le pourrais pas.* Devant une voyelle, le *d* se prononce comme un *t. Quand il viendra.* Ne pas le confondre avec **quant,** adv., qui est d'ailleurs toujours suiv. de la prépos. *à. Quant à moi, quant à lui.* Suivi de *moi* ou de *soi, quant à* est souvent pris substantivement, les trois mots sont alors unis par un trait. *Tenir son quant-à-moi,* son *quant-à-soi.*

Quantité de est un collectif partitif et veut le verbe au plur. *Quantité de gens vinrent l'entendre.*

Quartier-maître, au pl. *quartiers-maîtres.*

Quasi, adv. signifie *presque.* Il est toujours uni par un tiret au mot qu'il modifie. *Quasi-contrat, quasi-délit.* On pron. *ka-zi.* Au pl. *quasi-délits, quasi-contrats.*

99. — **Quatre-vingts,** adj. num. *Quatre-vingts francs.* On l'écrit sans *s* lorsqu'il est suivi d'un autre adj. de nombre. *Quatre-vingt-un, quatre-vingt-sept. Quatre-vingt mille* (mille adj. numéral). Mais on écrira *quatre-vingts millions* (millions, substantif), et *quatre-vingts milles* (milles, s. m., mesure itinéraire). On écrit enfin *quatre-vingt* sans *s* lorsque ce mot est employé comme adj. num. ordinal. *Page quatre-vingt,* pour *quatre-vingtième.*

100. — **Quelque** est adj. ou adv. Il est adj. et prend le signe du plur. lorsqu'il précède immédiatement le subst. *Quelques amis que vous ayez. Quelques efforts qu'il fasse,* ou bien lorsqu'il n'est séparé du subst. que par un adj. *Quelques nombreux obstacles qu'il rencontre.* Il est adverbe, et par conséquent invar., lorsqu'il modifie un adj., un particip. ou un adverbe. *Quelque paradoxal que cela paraisse. Quelque puissants qu'ils soient. Quelque habilement qu'ils procèdent. Quelque avisées qu'elles paraissent.*

Cependant si l'adj. et le subst. forment ensemble une locution adjective, *vaillants guerriers, bons traducteurs, profonds politiques, bons pilotes,* etc., *quelque* reste adv., car il peut être remplacé par *tout* ou *si. Quelque bons pilotes qu'ils fussent.*

Quelque est encore adv. dans le sens *d'environ. Quelque deux cents hommes. Il y a quelque trois cents ans.*

Quel que s'écrit en deux mots devant un verbe. *Quels que soient leurs désirs. Quelles que fussent leurs tendances.*

Quelque s'élide dans *quelqu'un, quelqu'une.*

Quelque... que veut le subj. *Quelques efforts qu'il fît.*

Mais pris dans le sens de *peu nombreux*, il gouverne l'indicatif. *Les quelques objets qu'il m'a laissés.*

Quelque chose. (Voir *Chose.*)

101. — **Que.** Après ce mot exprimant *combien, quelle quantité,* le participe passé reste invariable. *Que de villes il a détruit! Que de pays il a ravagé! Que de science il s'est acquis! Que nous en avons vu!*

Qu'en-dira-t-on ne varie pas au pluriel.

Queue-de-rat, au pl. *queues-de-rat.*

Queue, queux. (Homon.)

Quinze-vingts, s. m. pl. En parlant d'un pensionnaire de cet établissement, l'Acad. écrit : *un quinze-vingt.*

102. — **Quoique,** en un seul mot, signifie *bien que. Quoique peu riche, il est généreux.* En deux mots il équivaut à *quelque chose que. Quoi qu'il fasse. Quoi qu'il en soit. Quoi que l'on puisse dire pour les excuser.*

Quoique ne s'élide que devant *il, elle, un, une* et *on.*

Quote-part, au pl. *quotes-parts.*

R

R, s. m., lorsqu'on l'appelle *re,* et f., lorsqu'on l'appelle *erre.* Inv. au plur. *Deux r.* Ne se prononce pas à la fin des mots en *ier,* excepté *fier.* Se fait entendre à la fin des verbes en *er* lorsque le mot suivant commence par une voyelle. *Aller à la ville.* Cette lettre est nulle dans *Alger, altier, berger, danger, léger.* Lorsqu'elle est redoublée elle se prononce comme si elle était simple, excepté dans *errata, errer, erroné, abhorré, concurrent, interrègne, narration, terreur, torrent, erreur*; dans les mots commençant par *irr* et au futur et conditionnel des verbes *acquérir, mourir, courir.*

Rh ne se prononce pas autrement que le *r* simple. *Rhéteur, rhume.*

Rabat-joie, au plur. *rabat-joie.*

Raie, rais, ré, rets, rez. (Homon.)

103. — **Raisonner,** v. n., faire usage de la raison. Tous ses dérivés s'écrivent par *ai* et par deux *nn*. Ne pas confondre avec *résonner*. (Voir ce mot.)

Ralliement, s. m. On prononce *raliment.*

Rallumer, v. a. On pron. *ralumer.*

Ramener, v. a., et **remmener.** (Voir *Amener* et *emmener*.)

Rang, rend (il). (Homon.)

Rapatriement, s. m. On pron. *rapatriment.*

Ras, rat. (Homon.)

Rat de cave, au pl. *rats de cave.*

Récif, s. m., ou *rescif* et *ressif*. (Acad.)

Reclusion, v. f., ou *réclusion*. (Acad.)

Recueillir, v. a., et ses dérivés. (V. *Cueillir*.)

Réglisse est du fém. (Acad.)

104. — **Régner,** v. n. Son part. passé est toujours invar. *Les années qu'il a régné.* (Voir *Dormir, durer gémir.*)

Reims, rince (je, il). (Homon.)

Rein, reins, Rhin. (Homon.)

Reine-Claude, s. f., prune. On pron. *reine-Glaude*; au plur. *reines-Claude. Reine-Marguerite,* s. f., fleur ; au plur. *reines-Marguerite.*

Relâche, s. m., repos. — **Relâche,** s. f., lieu où les vaisseaux viennent relâcher.

Relie, relit. (Homon.)

Remaniement, *remerciement, remuement, reniement, renouement, résiliement* s'écrivent aussi, mais d'une façon moins courante, *remanîment, remercîment,* etc.

Remise, s. m., voiture de louage. — **Remise**, s. f., délai, rabais, lieu où l'on remise les voitures.

Remmener, v. a. On pron. *ran-mener,* emmener de nouveau après avoir ramené. (Voir *Ramener.*)

Renne, reine, rêne, Rennes, raine. (Homon.)

105. Repaire, s. m., lieu où se retirent les bêtes sauvages, les voleurs. Ne pas confondre avec *repère.*

Repartir, v. n., sans accent, partir de nouveau. Ne pas confondre avec *répartir,* partager.

Repère, s. m., point de marque. Ne pas confondre avec *repaire.*

Résidant, part. prés. du v. *résider.* Ne pas confondre avec *résident,* subst. masc.

Résonner, v. a., retentir, et tous ses dérivés s'écrivent par un *é* et par deux *nn,* sauf *résonance.* Ne pas confondre avec *raisonner.* (Voir ce mot.)

Reste (le) veut toujours le verbe au sing. *Le reste des sociétaires fut du même avis. Le reste partagea la même opinion.*

Rétiaire, s. m., terme d'antiquités. On pron. *réciaire.*

Réveille-matin, s. m., horloge, et non pas *réveil-matin;* au plur. *des réveille-matin.*

Revenu, s. m., reste au sing. dans l'expression : *il a dix mille francs de revenu.*

Révérant, part. prés. du v. *révérer.* Ne pas confondre avec l'adj. *révérend.*

Rez-de-chaussée ne varie pas au pl.

Ris, ri, rit (il), riz. (Homon.)

Ris, s. m., rire. Dans *les Grâces et les Ris,* écrire *Grâces* et *Ris* par des majuscules.

Roc, roque (je, il), rauque, St Roch. (Homon.)

Rocaille. On écrit *des grottes de rocaille.*

Rond-point s'écrit par un trait d'union et faits *ronds-points* au plur. — **Ronde bosse** ne prend pas de trait d'union; au plur. *rondes bosses.*

Rose-croix, au pl. *des rose-croix.*

Roué, rouait (il), rouet. (Homon.)

Rouge-gorge, au pl. des *rouges-gorges.*

Roux, roue. (Homon.)

S

S, s. m., invar. au pl. *Des s muets.* Ne se fait pas entendre devant un *c* suivi de *e, i* ou *h. Sceau, scène, scie, schisme.* Conserve le son qui lui est propre dans le corps des mots, s'il est suivi ou précédé d'une consonne. *Absolu, disque, esprit, conseil,* etc., et quand il est redoublé. *Essor, passer, mousse.* Excepté *transiger, transit, transition, transalpin* et leurs dérivés, dans lesquels le *s* se prononce comme *z* de même que dans *Alsace, balsamine* et leurs dérivés.

S entre deux voyelles se prononce comme *z. Hésiter, caser, raser, rose, misère,* etc., excepté *désuétude, parasol, monosyllabe, préséance, présupposer, vraisemblable* et quelques autres mots composés des particules *entre, dé, mono, para, poly, vrai, pré.*

S final ne se prononce pas dans les mots *trépas, avis, os, alors,* etc., mais il rend la dernière syllabe longue. Il se fait sentir dans *as, anus, vis, fils, iris, aloès,* etc., dans les noms propres *Mars, Délos, Vénus, Rubens,* etc., excepté *Thomas, Judas.*

S ne se prononce pas devant les consonnes. *Sans peur et sans reproche.*

S double fait prendre à l'*e* non accentué qui le précède le son de l'*e* ouvert excepté *dessus, dessous,* et dans la plupart de ceux qui sont formés de la particule *re. Resserrer, ressort,* etc.

Essieu, essence, etc., se prononcent *es-sieu, es-sence.*

Cette lettre se joint, comme lettre euphonique, à l'impératif de certains verbes et lorsqu'il est suivi des pronoms *en, y. Manges-en, touchés-y, portes-y, donnes-en.* Si *en* est préposition, on n'ajoute pas de s. *Admire en quel état le voilà.*

L'Acad. a supprimé un *s* dans *dysenterie* et ses dérivés, *reversi* (jeu) et *transept.*

Sabbat et ses dérivés, *sabbatine, sabbatique.* Dans ces trois mots, on ne fait sentir qu'un *b.*

Sage-femme, au pl. *sages-femmes.*

Saine, scène, Seine, cène. (Homon.)

106. — **Saint,** adj., s'écrit par une min. et sans trait d'union devant le nom d'un saint. *Les apôtres saint Pierre et saint Paul.* En abréviation le *s* est toujours maj. *Les apôtres S. Pierre et S. Paul.*

Dans un nom de fête, de rue, de ville, etc., *saint* s'écrit par une maj. et se joint au mot suivant par un trait d'union. *La Saint-Michel. L'église Saint-Roch. La ville de Saint-Flour. La rue Saint-Louis.* Dans ces cas on n'écrit jamais *saint* par abréviations.

On écrit enfin *Saint-Esprit* et par inversion l'*Esprit saint.*

Saint, sain, seing, cinq, sein, ceint. (Homon.)

Sainte-barbe, au pl. *saintes-barbes.*

Saisie-arrêt, au pl. *saisies-arrêts.*

Salle d'asile, au pl., *salles d'asile.*

Sans. Tous les composés de ce mot prennent le trait d'union. *Sans-gêne, sans-façon, sans-culotte, sans-culottide, sans-cœur, sans-dent, sans-fleur, sans-souci.* Prennent seulement la marque du pl. *sans-culottes, sans-culottides, sans-dents.*

Sans, sens, sang, sent (il), cent. (Homon.)

Sarigue, animal, est du masc. et du fém. selon qu'on veut désigner le mâle ou la femelle.

Satire, s. f., poème mordant. Ne pas confondre avec *satyre,* s. m., demi-dieu de la Fable.

Sauf-conduit, au pl. *sauf-conduits.*

Saute-ruisseau, invar. au pl.

Savoir-vivre. (V. *Vivre.*)

Sceller, seller, céler. (Homon.)

Schisme, *schismatique, schiste,* se pron. *chisme, chismatique, chiste.*

Sciemment. adv., se pron. *ciaman.*

Sculpter, v. a. et ses dérivés. On ne pron. pas le *p.*

Second, adj. et ses dérivés. On prononce le *c* comme un *g.*

Secouement, s. m. On écrit aussi *secoûment,* mais moins couramment.

Sèche, s. f., mollusque. On écrit aussi : *seiche.*

Seing, s. m. L'Acad. écrit *blanc seing* sans trait d'union, et au plur. des *blancs seings.*

Sel, scel, scelle, selle, cèle, celle. (Homon.)

Sellerie, céleri. (Homon.)

Sellier, cellier. (Homon.)

107. — Semi est toujours invariable et lié au mot qui suit par un tiret. *Des semi-tons, des roses semi-doubles.*

108. — Seoir, v. n., être assis. N'est usité que dans les temps suivants. *Je sieds, tu sieds, il sied, nous seyons, vous seyez, ils séient, sieds-toi, seyons-nous, seyez-vous; séant, sis, sise.*

Ne pas confondre avec **seoir,** v. n., être convenable, usité seulement aux personnes suivantes. *Il sied, ils siéent; il seyait, ils seyaient; il siéra, ils siéront; il siérait, ils siéraient; qu'il siée, qu'ils siéent; seyant ou séant.*

Septante, adj. num., prend toujours une maj. quand il désigne les interprètes qui firent la traduction de la Bible sous Ptolémée Philadelphe (**285-247** av. J.-C.). *Les Septante.*

Serein, serin. (Homon.)

Serment, serrement. (Homon.)

Serre-tête est invar. au pl. Les autres composés du mot *serre* sont: *serre-frein, serre-file, serre-papiers;* ils font au pl. *serre-freins, serre-files, serre-papiers.*

109. — Servir, v. a. Son part. passé s'accorde ou non, suivant le sens avec le pron. compl. qui le précède. *Les voyages que vous avez effectués vous ont servi dans vos travaux. Ce domestique nous a fidèlement servis.*

Session, cession. (Homon.)

Si, scie, six, sis, ci. (Homon.,

Sieur, scieur. (Homon.)

Signe, cygne. (Homon.)

Signet, s. m. On prononce *siné*.

Silice, cilice. (Homon.)

Site, cite (je, il), Scythes. (Hom.)

Sixain, **sixième**, etc. Dans ces mots, *x* se pron. comme *z*.

Sloop, s. m. Petit navire. On pron. *sloupe*.

Soi, soie, sois, soit. (Homon.)

Soi-disant, loc. adv., est toujours invar. *Des soi-disant amis.*

Soixante et ses dérivés. On pron. *x* comme deux *ss*.

Sol, sole, saule. (Homon.)

Solde, s. m., différence entre le doit et l'avoir. — **Solde**, s. f., paye.

Solennel, adj. et ses dérivés. On pron. *solanel, solanité*, etc.

Somme, s. m., sommeil. — **Somme**, s. f., total, argent, fardeau, rivière.

110. — **Son**, s. m., fait par deux *nn : sonner, sonnerie, sonnet, sonnette, sonnaille, sonnailler, consonne, résonner, résonnant, malsonnant*, et, par un seul *n : sonate, sonatine, sonore, sonorité, dissonance, dissoner, assonance, assonant, consonance, consonant, résonance.*

Songe-creux, invar. au pluriel.

Sort, saure, sors (je, tu), saur. (Homon.)

111. — **Sorte (toute)**. Lorsque ce collectif figure comme sujet, il ne commande pas l'accord du verbe. *Toute sorte de livres ne sont pas également bons.* Selon la syntaxe, en effet, le verbe doit être régi par l'idée que présente la collection des mots *sorte de livres.* Lorsqu'après le subst. qui suit le mot *sorte* il y a un adj. relatif, il faut faire accorder cet adj. avec le subst. *Une sorte de fruit qui est mûr en hiver. Une espèce de charbon qui est fort dur.*

Sot, sceau, seau, saut, Sceaux. (Homon.)

Sot-l'y-laisse, invar. au pluriel.

Soudard, s. m. On écrit aussi *soudart* par un *t*.

Souffler fait par deux *ff : essouffler, insuffler* et, par un *f : bour-soufler, boursouflure.*

Souffre-douleur, invar. au pluriel.

Souper, s. m. On écrit aussi *soupé,* mais *souper* vaut mieux. *Après-souper, après-soupers,* s. m.

Souris, s. m., sourire. — **Souris,** s. f., petit animal.

Sous, prép. *Souscrire, soustraire, soussigner* et leurs dérivés sont les seuls composés de *sous* qui s'écrivent en un seul mot. Tous les autres s'écrivent en deux mots unis par un trait d'union. Dans ces derniers, le second mot prend la marque du plur. *Sous-pieds, sous-aides,* etc.

Sous, sou, soûl. (Homon.)

Soutenement, s. m. On écrit aussi *soutènement.*

Sphère et atmosphère sont du fém. *Planisphère et hémisphère* sont du masc.

Spleen, s. m. On pron. *spline.*

Statue, statu (quo), statut. (Homon.)

Steeple-chase, au plur. *steeple-chases.*

Stentor, s. m. On pron. *stantor.*

Sterling, adj. invar. *Dix livres sterling.*

Stras, s. m., sorte de cristal. On n'écrit pas *strass.*

Subrogé tuteur, au plur. *des subrogés tuteurs.*

112. — **Succéder** (se). Son part. passé est toujours invariable. *Ils se sont succédé.*

Suffocant, adj. Ne pas le confondre avec **suffoquant,** part. prés. du verbe *suffoquer.*

113. — **Sujet multiple.** Lorsque le verbe a pour sujet plusieurs noms synonymes non unis par la conj. *et,* le verbe s'accorde avec le dernier seulement. *L'effroi, l'épouvante, l'horreur gagna toute la population.* Il en est de même lorsqu'il y a gradation. *En Égypte, le soin, le respect, le culte de la conservation des morts fut poussé à l'extrême.*

113 *bis.* — **Sujets composés.** De deux noms unis par *comme, de même que, avec, aussi bien que, ainsi que, plutôt que, non moins que, pas plus que,* le premier seul est sujet, et c'est avec lui que le verbe de la propos. doit s'accorder.

Mais lorsque les sujets sont liés par *non seulement et mais encore,* c'est avec le sujet qui suit *mais encore* que l'accord du verbe a lieu. *Non seulement les règles de la syntaxe, mais encore l'ortho_graphe des mots pouvait se modifier.*

114. — **Sujet collectif.** Un *collectif* est un mot qui, quoique au sing., représente à l'esprit l'idée de plusieurs personnes ou de plusieurs choses. Par ex. *multitude, troupe, foule, infinité, nombre infini, grand nombre, totalité, la plupart, le reste, un nombre de,* etc. Le verbe se met au sing. si le collectif est dit *général,* c'est-à-dire s'il exprime un certain tout; mais il s'accorde avec le subst. ou les subst. qui suivent le collectif si ce dernier est *partitif,* c'est-à-dire n'exprime qu'une partie. Le collectif est *général* lorsqu'il est précédé de, *le, la, ce, cette;* il est *partitif* lorsqu'il est précédé de *un, une. L'armée des infidèles fut entièrement détruite. Une partie des infidèles y furent détruits.* (Voir *La plupart, un nombre de, le reste, nombre de, quantité de, plus d'un.*)

115. — **Sujets récapitulés par un mot** ou une expression telle que *tout, rien, chacun, nul, aucun, personne.* Dans ce cas, le verbe se met au sing. *Un souffle, une ombre, un rien, tout lui donnait la fièvre.*

Si, *tout, chaque, quelque* sont répétés, le verbe ne s'accorde qu'avec le dernier sujet. *Quelque brûlant désir, quelque ardeur qui le presse. Tout rang, tout sexe, tout âge doit aspirer au bonheur.*

Sûr, adj., certain, prend un accent circonflexe au masc. et au fém. Ne pas le confondre avec *sur* prép., ni avec l'adj. *sur* qui signifie acide.

Sus-relaté, au pl. *sus-relatés.*

T

T, s. m., inv. au pluriel. *Des t non bar. és.* Prend accidentellement le son de son de *c*, dans le milieu des mots, dans *patient* et ses dérivés et dans les mots terminés en *tial, tiel, tion* et ceux qui en dérivent : *portion, martial, essentiel.* (Dans les mots terminés en *stion* il conserve sa prononciation naturelle, *question*); dans les noms propres en *tien : Dioclétien, Gratien, Vénitien;* dans quelques mots en *tie : Argutie, prophétie, aristocratie;* dans *satiété, insatiable* et dans les deux verbes *initier, balbutier.* Tous les autres verbes en *cier* s'écrivent par un *c. Apprécier, négocier.*

Le *t* est employé comme lettre euphonique dans *arrivera-t-il? dira-t-on?* Dans l'expression *va-t'en, t* n'est point euphonique; c'est le pronom *toi* élidé répondant à l'expression *allez-vous-en.*

Le *t* final ne se prononce pas dans un grand nombre de mots, *Caquet, contrat, respect, trot, mot* et lorsqu'il est précédé d'un *r : il part, il dort, il court, vert, désert;* mais il se fait sentir dans *déficit, tout, brut, contact, fat, indult, lest, dot, exact, rapt, mat, échet, strict, zist et zest, le Christ.* On ne le prononce pas dans *Jésus-Christ.*

Le *t* redoublé se fait entendre comme un seul, excepté dans *attique, atticisme, pittoresque.*

Th se prononce comme *t, thon, acanthe;* il ne se fait pas sentir dans *asthme, asthmatique.*

Ottoman est le seul mot commençant par *ott.*

Dans les verbes en *eter*, le *t* se redouble devant le son de l'e muet : *il jette, ils jettent.* Excepté dans les verbes *acheter, becqueter* ou *béqueter, décolleter, épousseter, étiqueter, interjeter, racheter.*

Les verbes en *éter* ne doublent jamais le *t*, mais l'é se change en *è* toutes les fois que le *t* est suivi du son de l'e muet. *Il répète.*

Les verbes *regretter, brouetter, émietter endetter, fouetter, quetter,* gardent le double *tt* dans toute leur conjugaison.

On ne double pas le *t* dans les mots terminés en *ate, ite, ute. Date* (époque), *pâte, mérite, chute, flute, cahute,* excepté *datte* (fruit), *chatte, natte, latte, patte* (membre), *butte, hutte, lutte* et quelques verbes dans leurs terminaisons.

Tabletterie par deux *tt*. Les mots suivants s'écrivent par un seul *t*. *Marqueterie, parqueterie, tabletier.*

Taille. Tous les composés de ce mot s'écrivent par un trait d'union. *Taille-douce, haute-taille* (voix), *basse-taille, taille-mer, taille-plume;* au plur. *tailles-douces, hautes-tailles, basses-tailles, taille-mer, taille-plumes.*

Tan, temps, tant, tend, t'en. (Homon.)

Taon, s. m., grosse mouche. On pron. *ton.*

Tapis-franc, au pl. *tapis-francs.*

Tâte-vin, au pl. *tâte-vin.*

Teint, tain, tint, thym. (Homon.)

116. — **Témoin,** s. m., est invar. lorsqu'il est pris adv. comme dans *je vous prends à témoin.* Mais il s'accorde dans *je vous prends pour témoins.*

Tenant, part. prés. du verbe *tenir,* est pris subst. dans *les tenant et aboutissants de cette propriété.* (Voir *Allant, venant, aboutissant.*)

Tente, tante, tente (je, il). (Homon.)

Ténu, adj., fort délié. Bien marquer l'accent aigu pour ne pas le confondre avec **tenu** part. pass. du v. *tenir.*

Ter, terre, taire. (Homon.)

Tercer, v. a, donner un 3e labour. On écrit aussi, mais plus rarement, *terser.*

Térébinthe, s. m., arbre résineux. — **Térébenthine,** s. f., résine qui coule du *térébinthe.* Remarquer l'orthog. de ces deux mots.

Terre-plein, au pl. *terre-pleins.*

Tes, têt, taie, tait, thé, té. (Homon.)

Testament, s. m. On écrit par des majusc. et sans trait d'union : *Ancien Testament, Nouveau Testament.*

Tête à tête, sans trait d'union, signifie seul à seul. *Ils se parlèrent tête à tête;* avec des traits d'union, cette locution signifie conversation, entrevue. *Elle eut avec lui un long tête-à-tête.*

Thèse, taise. (Homon.)

Tiers, adj. On écrit avec un tiret *tiers-point*, au plur. *tiers points*, et sans tiret *tiers état, tierce opposition, tiers arbitre, tiers ordre*, etc ; *tiers états, tiers arbitres, tiers ordres.*

Timbre-poste, au plur. *timbres-poste.*

Tir, tire, **Tyr.** (Homon.)

Tirant, tyran. (Homon.)

Tirelire, s. f. Le seul des composés du mot *tire* qui s'écrive en un seul mot. Les autres composés sont : *tire-d'aile, tire-fond, tire-laine tire-moelle, tire-balle,* — *botte,* — *bouchon,* — *bourre,* — *bouton,* — *ligne,* — *pied,* — *pointe,* — *tête.* Les quatre premiers sont invar. au pl.; les autres font *tire-balles,* — *bottes,* — *bouchons,* — *bourres,* — *boutons,* — *lignes,* — *pieds,* — *pointes,* — *têtes.*

Tiret, tirer. (Homon.)

Toast, toaster. On pron. *tost, toster.*

Ton, tond, thon, taon. (Homon.)

116 *bis.* — **Ton** fait *tonique, tonalité, détoner* (faire un bruit explosif) et ses dérivés *détonant, détonation*, par un seul *n*; et *tonner, tonnerre, détonner* (sortir du ton), *entonner* par deux *nn.*

Tort, tors, tord, tore, taure. (Homon.)

Tour à tour, s'écrit sans trait d'union.

Tour, s. m., circuit, trait de souplesse, rang. — **Tour,** s. f., bâtiment élevé.

Tourne. Tous les composés de ce mot s'écrivent en un seul mot, *Tournebride, tournebroche, tournesol, tournevis, tournevent*; excepté *tourne-oreille,* invar. au pl.

Tournoiement, *tutoiement* s'écrivent aussi *tournoiment, tutoiment.*

Tout, toue, toux. (Homon.)

Tout. Les locutions *tout à coup, tout de suite, tout d'un coup, tout à fait, après tout, du tout* s'écrivent sans trait d'union.

117. — **Tout** est adj. ou adv. Il est adj., et par conséquent variable, quand il exprime la totalité des personnes ou des choses : *Tous les hommes. Toute la terre. Tout* est adv., et par conséquent invar., quand il modifie un adj., un part. ou un adv. Il signifie alors *tout à fait, entièrement. Une vigueur tout héroïque.* Cependant si l'adj. est féminin et qu'il commence par une consonne ou un *h* aspiré, on écrira *toute* au sing. et *toutes* au plur. *Toutes retenues qu'elles soient. On voit d'une fleur tout éphémère sortir... Les barques sont toutes prêtes.*

Tout devant un nom de ville est invariable. *Tout Rome le suit. Tout Alexandrie est ému* (accord par syllepse : tout le peuple de).

118. — **Tout autre** se rapportant à un nom féminin doit en général s'écrit *toute autre. Donnez-moi toute autre occupation;* mais *tout* est invariable devant *autre*, lorsque *tout autre* est précédé de *une. Une tout autre action* ou lorsque *tout* peut se remplacer par *bien. Ce sont de tout autres personnes,* c'est-à-dire *de bien autres personnes.*

119. — **Tout entier.** *Tout* est toujours adv. devant *entier, entière. La terre tout entière.* On trouve quelquefois des exemples de *tout* variable devant *entier, entière,* orthographe que quelques grammairiens justifient en disant qu'elle donne plus de force à l'expression. *La France jamais ne périt toute entière.* L'Acad. donne l'exemple suivant. *C'est Vénus toute entière à sa proie.*

Tout-puissant, adj., fait *toute-puissante* au fém., et *tout-puissants, toutes-puissantes* au plur. De même *toute-bonne,* au plur. *toutes-bonnes.*

120. — **Trait d'union.** A été supprimé par l'Académie dans *bai brun, rouge clair, bleu de ciel,* etc. *cheval marin, lion marin, loup marin,* etc.; *court vêtu, croque au sel, double croche, triple croche, eau seconde, fausse clef, fausse monnaie, faux brillant, flint glasse, franc archer, fraîche éclose, grand aigle, grand cordon, grand maître, grand prêtre* (voir Grand), *haut fourneau, haut mal, haute paye, hôtel de ville, ivre mort, main courante, nec plus ultra, non seulement, nu propriétaire, outre mesure, outre moitié, pied bot, pied plat, fil à plomb, pots pourris, de prime abord,* le *tiers état, très bien* et dans tous les composés de *très* excepté *très-fonds,* et le *Très-Haut; ver à soie, six vingts, sept vingts.*

L'Académie a conservé le trait d'union dans *clair-brun, double-as, double-deux, double-six,* fièvre *double-quarte, faux-bourdon, faux-fuyant, faux-saunage, faux-saunier, franc-alleu, franc-fief, grand-croix, grand-père, grand-oncle, quinze-vingts.*

Tragi-comédie, au pl. *tragi-comédies.*

Tranchelard en un seul mot.

Tranche-montagne, invar. au plur.

Tranquille et ses dérivés prennent deux *ll.* On n'en prononce qu'un.

Transept s'écrit par un seul *s.* On ne prononce pas le *t.*

Travail, rapport d'un ministre, compte, fait *travails* au plur.. *Louis XIV aimait à lire les travails de ses ministres.*

Trésorier-payeur, au plur. des *trésoriers-payeurs.*

Trisection, s. f. On pron. comme s'il y avait deux *s.*

Trissyllabe, s. f., prend deux *ss.*

Trois, Troie, Troyes. Homon.)

Trois-mâts, au pl. *trois-mâts.*

Trompe-l'œil, invar. au pluriel.

Trompette, s. m., qui sonne de la trompette.—**Trompette**, s. f., instrument de musique.

Trouble-fête, invar. au plur.

Trou-madame, au plur. *trous-madame.*

121. — **Troupe** s'écrit sans *s* dans le sens *d'aller ensemble* en grand nombre. *Les oies sauvages vont en troupe. Les pélerins allaient par troupe* (Acad.). Mais on met le *s* dans le sens de former des groupes distincts. *Ils vont par troupes de vingt, trente. Les baleines vivent par troupes.*

Avec *troupe* collectif partitif, on met indifféremment le verbe au sing. ou au plur. *Une troupe de bandits se précipita* ou *se précipitèrent sur les voyageurs.* (Eyssette.)

Troupes signifiant forces militaires n'a pas de sing. On mettra donc forcément *nulles troupes.*

U

U, s. m., inv. au pluriel. *Des u.* Suivie d'un *i*, cette lettre fait diphthongue comme dans *truite, lui, huile*. *U* est muet après *g. Figue, prodigue* et dans beaucoup de cas après *q. Quelque,'quand, Afrique.* Dans quelques mots tirés du latin *u* se prononce *ou* après *q. Équateur, aquatique* ; mais si *qu* est suivi de *i* ou de *e* avec le son ouvert, dans les mots de semblable origine, l'*u* reprend sa valeur naturelle. *Quinquagésime, questure, équestre.*

On met un tréma sur l'*ü* dans le cas où cette voyelle ne doit point se lier avec la voyelle qui précéde, *Saül, Esaü.*

Ultra, au plur. *ultras.* — Sauf *ultramontain* et ses dérivés, tous les composés d'*ultra* s'écrivent en deux mots : *ultra-radical, ultra-zodiacal,* unis par un trait d'union ; au plur. *Ultra-radicaux, ultra-zodiacaux.*

Un, Huns. (Homon.)

Une, hune. (Homon.)

Un autre moi-même. Un homme en parlant d'une femme dira. *C'est un autre moi-même.* Une femme parlant d'une autre femme dira. *C'est une autre...*

122. — Un et l'autre (l') veut le verbe au plur. *L'un et l'autre s'exerçaient aux armes.*

123. — Un ou l'autre (l') veut le verbe au sing. *L'un ou l'autre ira vous voir.*

Ut, eûtes (vous), hutte. (Homon.)

V

V, s. m., invar. au plur. *Des v redoublés.*

Vacant, adj. ne pas confondre avec *vaquant,* part. prés. du v. *vaquer.*

Va et-vient, invar. au pluriel.

124. — **Vaincre,** v. a. *Je vaincs, tu vaincs, il vainc, nous vainquons, vous vainquez, ils vainquent ; je vainquais, nous vainquions ; je vainquis, nous vainquimes ; je vaincrai, nous vaincrons ; je vaincrais, nous vaincrions ; vaincs, vainquons ; que je vainque ; que je vainquisse ; vainquant, vaincu, vaincue.*

Valet, valait (il), Valais. (Homon.)

Valet de chambre s'écrit sans trait d'union.

125. — **Valoir.** *Je vaux, tu vaux, il vaut, nous valons...; je valais; je valus; je vaudrai; je vaudrais ; vaux, valons, valez; que je vaille; que nous valions; que je valusse ; valant, valu, value.*

Ce verbe est neutre au sens propre, et son part. passé reste invariable. *Les douze cents francs que ce cheval a valu.* Mais il est actif dans le sens de *rapporter, prouver. L'expérience que cette pratique lui a value.*

Vampire est du fém. (Acad.)

Van, vend, vent. (Homon.)

Va-nu-pieds s'écrit au pl. comme au sing.

Va-tout, invar. au pluriel.

Vase, s. m., récipient. — **Vase,** s. f., bourbe.

Vau-l'eau (à) et non pas à *veau-l'eau* ou *volo.*

Venant, part. prés. du v. *venir,* s'emploie substantivement dans cette expression. *Les allants et les venants.* (Voir *Allant, tenant, aboutissant.*)

Ver à soie, au pl. *vers à soie.*

Vêpre (soir) est du masc. — **Vêpres** (office) est du fém. pl.

126. — **Verbes**. Les verbes en *ayer* sauf *payer*, conservent l'y à tous les temps et à toutes les personnes. L'Acad. préfère la forme en *aye* à celle en *aie* dans les mots dérivés de ces verbes : *begaye-ment, payement,* etc.

Les verbes en *eyer* conservent l'y à tous les temps et à toutes les personnes. *Il grasseye.*

Les verbes en *oyer, uyer,* prennent toujours un *i* devant l'*e* muet. *Il s'ennuie, il ploie, elle essuiera.* L'Acad. préfère la forme en *oie, ie,* à celle en *oi, i,* dans les dérivés des verbes en *oyer* et *ier. Broie-ment, tutoiement, résiliement,* etc.

Dans les verbes en *ouer, uer,* la forme en *oue* et *ue* est préférée à celle en *où* et *ù* dans les dérivés de ces verbes. *Engouement, se-couement, dénuement,* etc.

Vergeure, s. f., terme de papeterie. On pron. *verjure.*

Verre, ver, vers, vert, vair. (Homon.)

Vice. Tous les noms composés commençant par *vice* s'écrivent par un trait d'union. *Vice-roi, vice-consul,* etc. *Vice versa* s'écrit sans tiret. On prononce *vicé versa.* Ne pas écrire *vice et versa.*

Vice, vis, visse. (Homon.)

Vil, adj., fait *vilain, vilainement* par *ai,* et *vilement, vilenie, vi-leté* par *e.*

Vingt, adj. num., suit la même règle que *cent.* (Voir ce mot.)

Vingt, vin, vain, vint, vainc. (Homon.)

Violement, s. m., infraction. Ne pas confondre avec l'adv. *violemment,* qui se pron. d'ailleurs *violament.*

Vis-à-vis s'écrit par des traits d'union.

127. — **Vivre**, v. n. Son part. passé est toujours invar. *Les années qu'il a vécu.*

Vivre (**Savoir**). Avoir des manières polies. Ne pas confondre avec *savoir-vivre* (trait d'union), connaissance et pratique des usa-ges la bonne société. *Savoir-vivre, savoir-faire* n'ont pas de plu-riel.

Voile, s. m., partie du vêtement. — **Voile**, s. f. (d'un navire).

Voir, v. a. Le part. passé *vu*, employé dans le sens d'*attendu que, eu égard à*, est invariable. *Vu les arrêtés. Vu la difficulté.*

Voix, voie, vois. (Homon.)

Vol-au-vent, au pl. des *vol-au-vent*.

Volatile, s. m. et f., animal qui vole. *Les volatiles de la création.* Il ne faut pas confondre avec *volatille*, petite espèce d'oiseaux bons à manger. *On nous servit des becfigues, des ortolans et toute une variété de volatilles d'un manger délicieux.*

Volé, voler, volet. (Homon.)

Vos, veau, vaux, Vaud. (Homon.)

128. — **Vouloir**, v. a. Son part. passé est invar. dans les propositions elliptiques. *Toutes les offres qu'il a voulu* (que je fisse).

W

W, s. m., inv. au pl. appartient plutôt aux alphabets étrangers. Cette lettre équivaut à notre son *ou*. *Whist* (jeu), *wiskey* (eau-de-vie), *wiski* (cabriolet) se prononcent *ouiste, ouiski, ouiski*.

Wagon, s. m., de préférence à *vagon*.

Walhalla, paradis scandinave, est du fém.

X

X, s. m., inv., au plur., se prononce comme *cs* dans *axe, sexe, maxime, fixer, luxe*, etc. ; comme *gs* dans *Xerxés, Xénophon, Xavier, exercice, examen, exil, exalter*, etc. ; comme *k* dans *excepter*, *excès, exciter*; comme *ss* dans *soixante, Bruxelles, Auxonne, Auxerre*; comme *z* dans *dixain, sixain, deuxième, dixième*.

A la fin des mots *x* se prononce comme *cs* dans *Styx, sphinx, lynx, préfix, Aix*; il est muet ou prend le son du *z* selon que le mot qui suit commence ou non par une consonne : *Dix, six, deux, heureux, paix, choix, baux à longues années, six oiseaux, dix aunes, aux amis*. Dans *dix* et *six*, isolés, le *x* se pron. *s*.

Y

Y., s. m., inv. au plur., se prononce *i* dans *hymen, hypocrite, style, syntaxe, yeux* et comme deux *ii* entre deux voyelles . *Moyen, citoyen, royal, pays*. Ne se met jamais devant deux *pp*. *Hippocrate, Hippolyte, Hippias, hypothèse, hyperbole, hypothèque*.

L'y a été banni de plusieurs mots. On écrit aujourd'hui *cristal, asile, lis, sirène, satire, colisée. Satyre*, divinité champêtre, conserve l'*y*; il en est de même pour les noms propres : *Denys d'Halicarnasse, Denys l'Ancien*, tandis qu'on écrit *saint Denis, Denis, Denise*.

Y ne s'emploie pas devant un verbe commençant par *i*. On écrit : *je n'irai pas*, bien que l'idée soit *je n'y irai pas*.

Yacht, s. m., petit navire, se pron. *iaque*.

Z

Z, s. m., invar. au plur. Cette lettre donne le son de l'*é* fermé à la lettre *e* qui la précède à la fin des mots. *Nez, lisez, voyez*. Elle ne se prononce pas à moins que le mot suivant ne commence par une voyelle ou un *h* muet. *Vous voyez en cela*. L'Acad. a supprimé un *z* dans *lazarone*.

Zénith, s. m., se pron. *zénite.*

Zéphire, s. m., dieu de la Fable, s'écrit par un *i*. Ne pas le confondre avec **zéphyr**, s. m., vent doux. *Un agréable zéphyr.*

Zigzag, s. m., sans trait d'union, se termine par un *g*. Au plur. des *zigzags.*

PRONONCIATION

DES MOTS GÉOGRAPHIQUES

*D'après les résolutions du Çongrès national de Géographie
siégeant à Bordeaux en septembre 1882*

FRANCE

Aiguillon (Lot-et-Gar.).....	se prononce	Aigu-illon (*ll* mouill.)
Aix (Ile d')...............	—	Ile Dé.
Aix (Bouches-du-Rhône)...	—	Ex.
Arveyres................	—	Arvei-ïre.
Aunis....................	-	Auni.
Auxerre.................	—	Ausserre.
Auxerrois (Saint-Germain l')	—	Auc-cerrois.
Auxonne.	—	Aussonne.
Aveyron.................	—	Avéron.
Ay-Champagne...........	—	Aï.
Baïse...................	—	Bé-ïse.
Banyuls-sur-Mer.	—	Bangnioul's.
Batz....................	—	Bâ.
Belfort..................	—	Béfort.
Bellac..................	—	Belac.
Beynac (Dordogne)........	—	Bé-inac.
Beynat..................	—	Bé-inat.
Blaye.	—	Bla-ye.
Boô-Silhen.	—	Boô-Sillenn (*ll* mouill.)
Bourg-en-Bresse..........	—	Bourk.
Briey.	—	Bri-i.
Buellas..................	—	Buel.
Camaret (Finistère)........	—	Camerè.
Carhaix.................	—	Carahai.
Castets (Landes)..........	—	Castèlce.

Chanoz	se prononce	Chane.
Condom	—	Condom.
Confolens	—	Confolan.
Contrevoz	—	Contreve.
Cosne (Nièvre)	—	Cône.
Cottiennes (Alpes)	—	Cossiennes.
Crespy	—	Crépy.
Culoz (Ain)	—	Cule.
Daoulas	—	Dola.
Douarnenez	—	Douarnené.
Doubs	—	Dou.
Doullens	—	Doullan.
Duras	—	Durass.
Enghien-les-Bains	—	Angain.
Faou (Le)	—	Le Fou.
Gers	—	Gerss.
Got (Le)	—	Le Gott.
Gouesnou	—	Gouénou.
Guipavas	—	Guipavas.
Hendaye	—	* Handaye (1).
Hérault	—	Hérau.
Jargeau	—	Jargeau.
Jargeau (Mont) (2)	—	Gargan.
Javerlhac	—	Javerllac (*ll* mouillées.)
Jumilhac-le-Grand (3)	—	Jumillac (*ll* mouillées.)
Kersaint	—	Kersain.
Lampaul	—	Lampol.
Lanmeur	—	Lammeur.
Lanveoc	—	Lanvau.
Lens (Pas-de-Calais)	—	Lance.
Lesneven	—	Leznevin.
Leyre	—	Lé-ïre.
Lompnas	—	Lone.
Mehun-sur-Yèvre	—	Me-hun.
Meilhan (Lot-et-Garonne)	—	Meillan.
Menéz-hom	—	Mené-hom.
Milhau ou Millau	—	Millau (*ll* mouill.).
Montluçon	—	Mon-luçon.
Montrichard	—	Mon-trichard.

(1) Un astérique indique une *h* aspirée.
(2) « Jargeau » est une coquille pour Jargean, prononciation des paysans limousins. Le nom véritable s'écrit et se prononce *Gargan*.
(3) L'Administration des postes écrit *Jumillac-le-Grand*.

Morlaix	se prononce	Morlai.
Mothe-Saint-Héray (La)	—	La Mothe-Saint-Hérai.
Mouleydier	—	Moulé-idier.
Néris-les-Bains	—	Néri.
Neste	—	Né-s'te.
Oléron	—	Olron.
Penfeld	—	Pinfeld.
Plouguin	—	Plouguin.
Poullaouen	—	Poullaouenn.
Reims ou Rheims	—	Rins.
Riom (Puy-de-Dôme)	—	Rion.
Rochechouart	—	Rochouart.
Rodez	—	Rodèze.
Roscoff	—	Roscoff
Roubaix	—	Roubè.
Roye (Somme)	—	Roi.
Sedan	—	Sedan et non pas Sédan.
Sein	—	Sain.
Senlis	—	Sanlice.
Servas (Ain)	—	Serve.
Seyssel (Ain)	—	Sécèl.
Seysses	—	Sé-isses.
Saint-Aulaye	—	Saint-Aulaie.
Saint-Guilhem	—	St-Guillem (*ll* mouil.
Saint-Sever de Rustan	—	Saint-Sevèr.
Saint-Sever (Calvados)	—	Saint-Sevèr.
Saint-Sever (Landes)	—	Saint-Sevèr (1).
Saint-Yrieix (Haute-Vienne)	—	Saint-Yrié.
Tarn	—	Tar.
Tarn-et-Garonne	—	Tar-né-Garonne.
Tech	—	Tec.
Teich (Le)	—	Le Tèche.
Tournay (Hautes-Pyrénées)	—	Tournaï.
Vayres (Gironde)	—	Va-ïre.
Vesoul (Haute-Saône)	—	Vesou.
Wissous	—	Ouissou.
Ws (2)	—	Usse.
Yssengeaux (3)	—	Yssingeau.

1. Prononciation indiquée par la municipalité.
2. S'écrit quelquefois *Us*.
3. L'orthographe adoptée est maintenant *Issingeaux*.

Nous pourrions ajouter à cette liste une foule d'autres noms, particulièrement :

Sainte-Menehould	se prononce	Sainte-Menou.
Les Islettes	—	Les Ilettes.
Longwy	—	Lon-oui.
Saint-Mihied	—	Saint-Miel.
La Saulx (rivière)	—	La Sau.
Belrupt	—	Béru.

COCHINCHINE

Camau	se prononce	Camaou.
Cholen	—	Cholenn.
Hanoï	—	Han-oï
Hatien	—	Ha-tienne (*t* dental).
Hué	—	Hué.
Phnum-Penh	—	Pnom-Penn.
Sactrang	—	Sactran.
Saïgon (1)	—	Saïgon.
Soctrang	—	Soctran.
Tay-ninh	—	Taï-ninn.
Tong-King (2)	—	Tonkin.
Tra-vinh	—	Tra-vinn.
Vinh-lung	—	Vinn-Longue.

ÉTRANGER

Anvers	se prononce	Anvèrrse.
Bruxelles	—	Brusselles.
Fontenoy (Belgique)	—	Fontenoi.
Huy	—	* Huy.
Ixelles	—	Ic-celles.
Puers	—	Pu-eur-s.
Tournay ou Tournai	—	Tournai.
Waterloo	—	Ouaterlô.
Xhenemont	—	* Hénemont.
Gabès	—	Gaibeusse.
Sfax	—	Sfakis.
Tunis	—	Tuniss.
Zaghouan	—	Zarouane.
Clarens	—	Claran.
Madrid	—	Madrid'.

(1) L'orthographe adoptée est maintenant *Saïgon*.
(2) L'orthographe adoptée est maintenant *Tonkin*.

TABLE DES MATIÈRES

	Pages
Conditions d'admission, programme	1
Examens de Paris	4
— Bordeaux	21
— Lille	26
— Lyon	31
— Marseille	36
— Nantes	38
— Toulouse	39
Dictionnaire des difficultés orthographiques	49
Prononciation des mots géographiques	137

3069. — Poitiers, Imprimerie BLAIS, ROY et Cie, 7, rue Victor Hugo, 7.